E-센서보드
가이드북

엔트리로 시작하는
피지컬 컴퓨팅
E-센서보드

문택주, 새로운교육개발팀 저

엔트리와 E-센서보드로 시작하는
★ 나의 첫 프로그래밍 ★

엔트리로 시작하는 피지컬 컴퓨팅
E-센서보드

Copyright ⓒ2023 by Youngjin.com Inc.
401, STX-V Tower, 128, Gasan digital 1-ro, Geumcheon-gu, Seoul, Republic of Korea 08507
All rights reserved. First published by Youngjin.com. in 2017. Printed in Korea
저작권법에 의해 한국 내에서 보호를 받는 저작물이므로 무단 전재와 복제를 금합니다.

ISBN 978-89-314-5565-6

독자님의 의견을 받습니다
이 책을 구입한 독자님은 영진닷컴의 가장 중요한 비평가이자 조언가입니다. 저희 책의 장점과 문제점이 무엇인지, 어떤 책이 출판되기를 바라는지, 책을 더욱 알차게 꾸밀 수 있는 아이디어가 있으면 이메일, 또는 우편으로 연락주시기 바랍니다. 의견을 주실 때에는 책 제목 및 독자님의 성함과 연락처(전화번호나 이메일)를 꼭 남겨 주시기 바랍니다. 독자님의 의견에 대해 바로 답변을 드리고, 또 독자님의 의견을 다음 책에 충분히 반영하도록 늘 노력하겠습니다.

이메일 : support@youngjin.com
주   소 : (우)08507 서울특별시 금천구 가산디지털1로 128 STX-V타워 4층 401호 (주)영진닷컴 기획1팀
등   록 : 2007. 4. 27. 제16-4189호

STAFF
저자 문택주, 새로운교육개발팀 | **진행** 김태경 | **디자인** 임정원 | **편집** 임정원, 함세영, 박혜영
영업 박준용, 임용수 김도현 | **마케팅** 이승희, 김근주, 조민영, 김도연, 김민지, 임해나 | **제작** 황장협

✤ 추천사 ✤

KAIST 휴보연구소에서 연구하던 시절이 떠오릅니다. 열정과 설렘으로 연구를 하며 힘들었지만 행복한 시간을 보냈고 공학자의 길을 걷게 된 것에 자부심을 가지며 살아가고 있습니다. 자라나는 세대들이 소프트웨어 교육을 통해 이공계 분야에 대한 행복한 기억을 담아 미래의 비전과 진로에 대한 길을 찾아갈 수 있기를 소망합니다. 지식 교육으로 일관된 기존의 교육 방식에서 벗어나 소프트웨어 교육부터는 스스로 문제를 정의하고 생각하고 미션을 수행하며 자기 주도적 문제 해결력을 가진 인재로 양성하는데 우리의 역량을 모아야 할 때입니다. 일선 학교 교육 현장의 실무 경험을 가진 선생님과 소프트웨어 교육 컨텐츠 연구에 10여 년간 헌신해 온 전문가들이 함께 모여 만든 이 책이 대한민국의 미래를 여는데 좋은 자료가 될 수 있기를 기대합니다.

새로운교육 임상빈 대표

+ 이 책을 만들며 +

현재 우리 사회는 소프트웨어 중심 사회로 탈바꿈하여 생활 속에서의 많은 일들이 컴퓨터 시스템을 통해 처리되고 있습니다. 소프트웨어는 산업 전 분야에 걸쳐 폭넓게 활용되고 있으며 소프트웨어와 타 분야의 융합 움직임은 산업 경쟁력 향상을 위해 앞으로 더욱 강해질 것으로 예상됩니다.

따라서 컴퓨터식 사고는 미래의 디지털 경제 시대를 살아가야 할 학생들에게 기초 소양이 되고 있습니다. 특히 청소년기부터 프로그래밍과 관련한 기초 소양을 쌓고 이를 활용한 문제해결과정을 경험할 때 학생들의 컴퓨터적 사고력이 향상될 가능성이 높을 것이며, 이를 위해서는 학생의 인지 발달 단계에 맞도록 구체물을 직접 조작해 보는 프로그래밍 교육이 필요합니다.

이에 본 교재에서는 학생의 흥미와 동기를 유발할 수 있고 관심을 지속적으로 유지할 수 있을 뿐 아니라, 설계-코딩-재설계의 피드백 과정이 빠르게 진행될 수 있어 학습 효과를 높일 수 있는 피지컬 컴퓨팅을 중심으로 구성되어 체계적으로 로봇을 활용한 소프트웨어 교육을 경험할 기회를 주고자 하였습니다.

이 책을 통해 소프트웨어 구현 과정에서 학생들이 자연스럽게 알고리즘을 설계하게 되고, 이러한 과정이 문제 해결 능력과 논리력 향상으로 이어질 수 있기를 바래 봅니다. 또한 자신의 작품을 사람들과 공유하는 과정을 통해 자기 효능감을 고취시켜 과제에 대한 집중력과 지속성을 향상시킴으로써 미래 사회에 필요한 인재로 자라는 데 도움이 되기를 기대합니다.

새로운교육 김광진 연구원

+ 이 책을 만들며 +

2년간의 SW선도학교와 3개월간의 SW연구학교 운영을 통해, 코딩에서 가장 중요한 것은 '스스로 생각하고 만들어 보는 것'이라고 생각합니다.

센서와 블록을 이용해서 만들어 낼 수 있는 코딩은 무궁무진하며 정답이 없습니다. 생각하고 고민하다보면 어느새 멋진 작품이 눈앞에 만들어질 것이며, 코드를 만드는 매순간이 새로운 정답이 될 것입니다.

이 책은 완성된 형태의 코드를 따라하며 배우는 방식으로 되어 있습니다. 하지만 이 책에서 다루고 있는 코딩은 센서와 블록을 이용해 만들어 낼 수 있는 수많은 코드 중 하나에 불과합니다. 따라서 교재에 나와 있는 대로 단순히 완성된 코드를 따라해 보고 끝나는 것이 아니라 '어떤 블록이 필요할까?', '이 블록은 왜 필요할까?' 등 스스로 고민하고 생각하며, 이 책에서 다루고 있지 않는 부분까지 뻗어나가는 것이 중요합니다.

코딩을 하다보면 나만의 생각으로 한계를 느낄 때가 있습니다. 이때는 주변에 도움을 요청하세요. 가장 좋은 선생님은 바로 여러분 앞에 있다고 생각합니다. 엔트리 홈페이지에서 선생님들이나 학생들이 만든 작품을 살펴보고 연구해보세요. 다른 사람과 아이디어를 공유하고 함께 연구하다보면 아마 자신이 모르는 사이에 부쩍 성장한 자신의 모습을 발견할 수 있을 것입니다.

이 책이 선생님과 학생들이 코딩을 통해 새로운 경험을 해보고, 나아가 학생들의 꿈을 찾게 하는데 조금이나마 도움이 되길 간절히 기원합니다.

서울진관초등학교 문택주 교사

구성과 특징

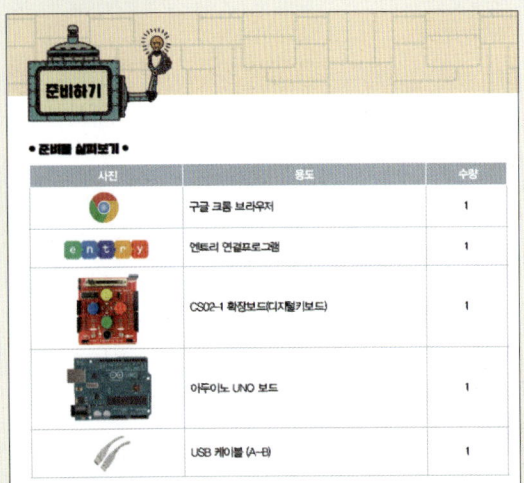

[준비하기]

'준비하기'에서는 각 장에서 필요한 준비물과 작품 만들기에 사용될 센서와 조립 방법 등에 대해 알 수 있습니다.

[따라하기]

'따라하기'에서는 각 장치의 연결 방법, 조립 방법 등을 알 수 있습니다.

[활동하기]

'활동하기'에서는 직접 몸으로 체험해보거나 작품을 만들기 위한 수업을 시작합니다. 언플러그드 활동을 하거나 교구에 대해 살펴보고, 엔트리 블록과 센서 블록을 활용하여 작품을 만들고 실행시켜봄으로써 피지컬 컴퓨팅 활용 능력을 배양할 수 있습니다..

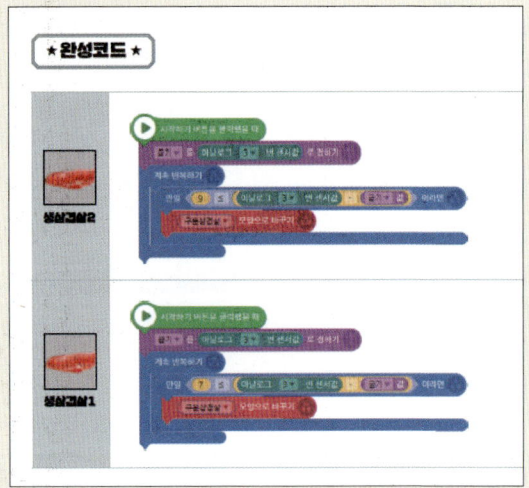

[완성코드]

Sample을 통해 원하는 대로 작품이 실행되지 않을 경우, 내가 만든 코드가 알맞게 구성되어있는지 알아볼 수 있습니다.

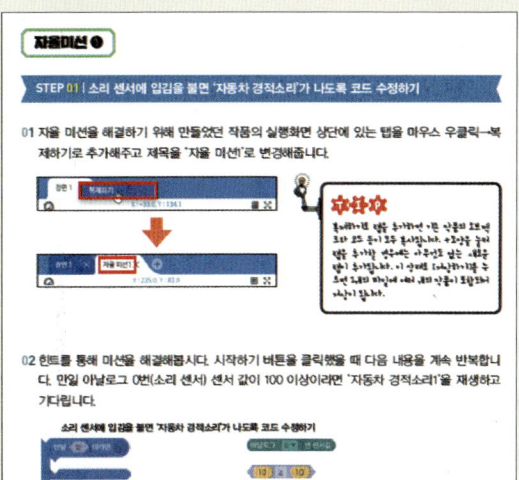

[자율미션]

'자율 미션'에서는 주어진 힌트를 통해 다른 블록들의 쓰임새를 살펴보고 직접 미션을 해결해 생각하는 힘을 기르고 작품을 한 단계 더 발전시킬 수 있습니다.

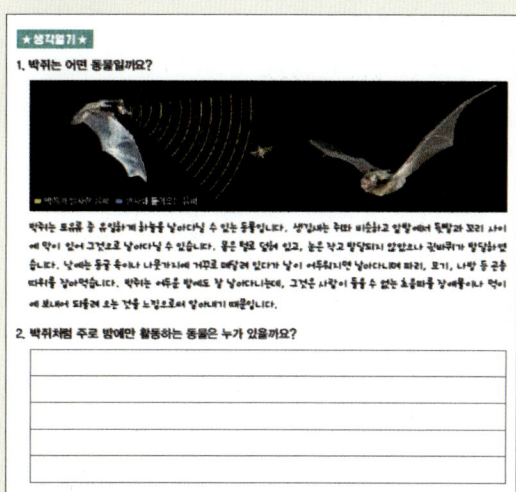

[생각열기]

'생각열기'에서는 코딩 이외에도 수업과 관련된 내용을 기술, 제품, 과학, 문화, 역사 등 다양한 관점에서 접근함으로써 생각하는 힘을 기르고 폭넓은 지식을 습득할 수 있습니다.

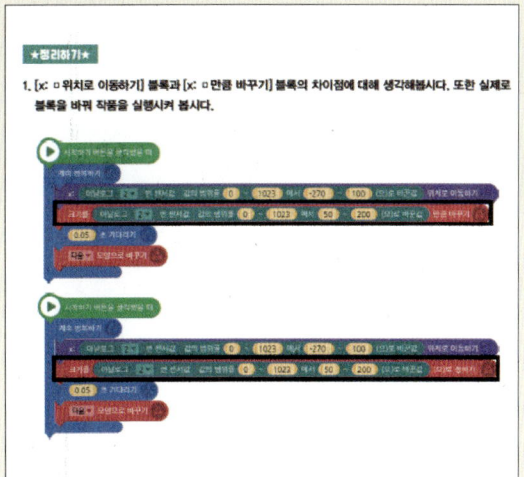

[정리하기]

'정리하기'에서는 각 장에서 배운 내용을 되돌아보거나, 작품 코드 중에서 핵심이 되는 부분을 살펴보고 그 역할을 이해할 수 있습니다.

이 책의 차례

PART 0. E-센서보드의 구성

PART 1. 디지털키보드
Chapter 01. 디지털키보드 만나기 ················ 18
Chapter 02. 말랑말랑 피아노 ················ 34
Chapter 03. 말랑말랑 게임 패드 ················ 52

PART 2. E-센서보드
Chapter 04. E-센서보드 만나기 ················ 82
Chapter 05. 로켓을 조종해 보자! ················ 102
Chapter 06. 떴다~떴다~열기구! ················ 112
Chapter 07. 아기 박쥐를 재워주세요! ················ 124
Chapter 08. 나를 반겨주는 바둑이 ················ 136
Chapter 09. 삼겹살 파티 ················ 148
Chapter 10. 계기판을 만들어 보자! ················ 166
Chapter 11. 요술 색연필 ················ 186
Chapter 12. 미니 스캐너 만들기 ················ 198

PART 3. E-센서로봇
Chapter 13. E-센서로봇 만나기 ················ 210
Chapter 14. E-센서로봇 기본 제어 ················ 228
Chapter 15. 라인트레이서와 나만의 E-센서로봇 ······ 248

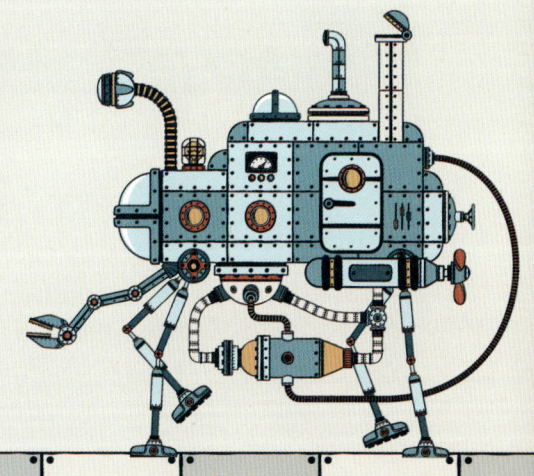

PART 0

E-센서보드의 구성

E-센서보드는 어떤 장치들로 구성되어 있는지 알아보고, 각각의 장치들이 어떤 역할을 하는지 살펴봅니다.

E-센서보드의 구성

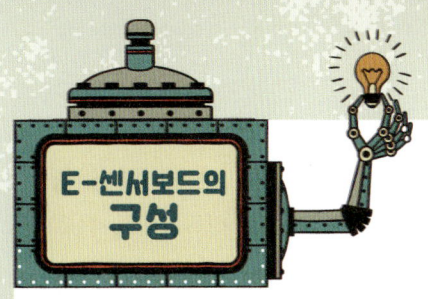

1. E-센서보드는 어떻게 구성되어 있을까?

E-센서보드는 다음과 같은 장치들로 구성되어 있습니다.

- **아날로그 입력센서** : 슬라이더 가변저항 / 소리 감지 센서 / 빛 감지 센서(좌, 우) / 온도 센서(좌, 우), 거리 센서(좌, 우)
- **디지털 입력센서** : 버튼(빨강, 초록, 파랑, 노랑)
- **디지털 출력장치** : LED(빨강, 초록, 파랑, 노랑) / DC모터 / RC모터
- **통신장치** : 블루투스

[E-센서보드의 구성]

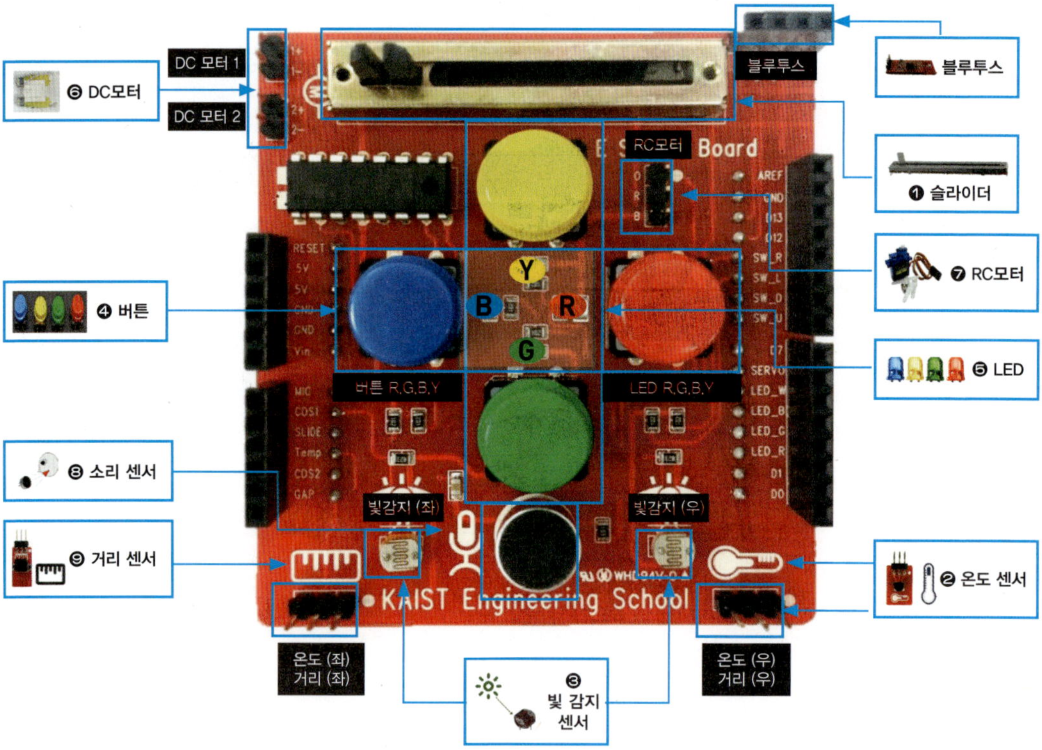

❶ 슬라이더

- **사용 블록** : 슬라이더 센서값(아날로그 2번)
- 아날로그 입력 센서로 0부터 1023까지의 아날로그 값을 전달하며 가장 왼쪽에 있을 때 0, 오른쪽에 있을 때 1023 값을 전달합니다. 0~1023 값의 범위가 아닌 다른 값의 범위로 변환하고자 할 때에는 [아날로그 2번 값의 범위를 0~1023에서 0~100으로 바꾼 값으로 정하기] 변환 블록을 사용해야 합니다.
- **활용** : 조이스틱, 이어폰, 스피커 볼륨 다이얼 등에 쓰입니다.

❷ 온도 센서

- **사용 블록** : 아날로그 5번(좌) / 온도 센서값(아날로그 3번(우)(센서보드1과 같은 회로인 오른쪽 온도 센서만 센서 블록이 있습니다)
- 아날로그 입력 센서로 0부터 1023까지의 아날로그 값을 전달하며 160을 기준으로 온도가 낮아지면 센서 값이 감소하고 온도가 높아지면 센서 값이 증가합니다. 하지만 일반적으로 ±20 정도만 변화시킬 수 있습니다. 엔트리에서 섭씨로 바꾸는 식은 '{(온도 센서 값*5)/1024−0.5}*100'입니다. 0~1023 값의 범위가 아닌 다른 값의 범위로 변환하고자 할 때에는 [아날로그 3번 또는 5번 값의 범위를 0~1023에서 0~100으로 바꾼 값으로 정하기] 변환 블록을 사용해야 합니다. 점퍼케이블(F/F)을 이용해 센서보드 하단에 있는 확장포트 두 군데에 연결합니다. 센서보드의 확장포트에 있는 흰색 점과 온도 센서에 있는 흰색 점이 같은 방향을 향하도록 연결합니다. 좌측 하단은 아날로그 5번, 우측 하단은 아날로그 3번을 이용하게 됩니다. 거리 센서와 온도 센서를 센서보드에 있는 자 그림, 온도계 그림과 일치하게 연결할 필요는 없으며 아무 곳에 연결해도 사용 가능합니다.
- **활용** : 디지털 온도계, 에어컨, 보일러 등에 쓰입니다.

❸ 빛 감지 센서

- **사용 블록 :** 빛 감지 센서값(아날로그 1번(좌)) / 아날로그 4번(우)
- 아날로그 입력 센서로 0부터 1023까지의 아날로그 값을 전달하며 100을 기준으로 밝아지면 값이 낮아지고 어두워지면 값이 증가합니다. 하지만 0이나 1023의 값을 나타내게 하기는 사실상 힘들며, 너무 밝거나 어두운 공간에서는 센서가 제대로 동작하지 못합니다. 0~1023 값의 범위가 아닌 다른 값의 범위로 변환하고자 할 때에는 [아날로그 1번 또는 4번 값의 범위를 0~1023에서 0~100으로 바꾼 값으로 정하기] 변환 블록을 사용해야 합니다.
- **활용 :** 핸드폰의 화면 밝기, 카메라의 광량 조절, 가로등 등에 쓰입니다.

❹ 버튼(빨간색, 초록색, 파란색, 노란색)

- **사용 블록 :** ▢버튼을 눌렀는가?(디지털 8번(빨강), 디지털 9번(파랑), 디지털 10번(노랑), 디지털 11번(초록))
- 디지털 입력 센서로 눌렀는가?(1), 안 눌렀는가?(0)로 값이 입력됩니다. 파란색, 노란색, 초록색 버튼은 DC모터와 회로가 겹쳐 버튼을 누르면 바퀴가 돌아가지만 빨간색 버튼은 회로가 겹치지 않아 버튼을 눌러도 바퀴가 돌아가지 않습니다.
- **활용 :** 컴퓨터 전원, 엘리베이터, 선풍기 등에 쓰입니다.

❺ LED(빨간색, 초록색, 파란색, 노란색)

- **사용 블록 :** ▢LED 켜기/끄기(디지털 2번(빨강), 디지털 3번(초록), 디지털 4번(파랑), 디지털 5번(노랑))
- 디지털 출력 센서로 신호가 켜졌는가?(1), 꺼졌는가?(0)로 값이 출력됩니다. 하지만 디지털 3번(초록)은 DC모터와 연결되어 있기 때문에 [디지털 3번 핀을 ▢으로 정하기] 블록을 이용해 PWM 방식으로 LED 밝기 조절이 가능합니다. 대신 오른쪽 바퀴가 전진할 때 초록색 LED가 켜지거나, 초록색 LED가 켜질 때 오른쪽 바퀴가 전진하게 됩니다.
- **활용 :** 전광판, TV, 자동차 전조등 등에 쓰입니다.

❻ DC모터

- **사용 블록 :** 디지털 ▢번 핀을 ▢으로 정하기
  디지털 3번(오른쪽 바퀴 전진), 디지털 9번(오른쪽 바퀴 후진), 디지털 10번(왼쪽 바퀴 후진), 디지털 11번(왼쪽 바퀴 전진), 디지털 7번(DC모터 ON/OFF)
- 디지털 출력 장치로 DC모터는 통상적으로 PWM 방식으로 0~255 사이의 값을 나타낼 수 있습니다. 하지만 현재 펌웨어에서는 배터리 효율을 위해 DC모터 출력 값을 0~150 사이로 제한해 두었습니다. [디지털 7번 끄기/켜기] 블록으로 DC모터를 끄거나 켤 수 있습니다. 오른쪽 바퀴가 전진할 때 초록색 LED가 켜지거나 초록색 LED가 켜질 때 오른쪽 바퀴가 전진하게 됩니다. 파란색, 노란색, 초록색 버튼은 DC모터와 회로가 겹쳐 버튼을 누르면 바퀴가 돌아가지만, 빨간색 버튼은 회로가 겹치지 않아 버튼을 눌러도 바퀴가 돌아가지 않습니다.
- **활용 :** 3D 프린터, 선풍기, 스쿠터 등에 쓰입니다.

❼ RC모터(미니 서보 모터)

- **사용 블록** : 디지털 6번 핀을 ▭으로 정하기
- 디지털 출력 장치로 PWM 방식으로 0~180 사이의 값을 출력할 수 있지만 입력 값이 0일 때는 신호를 받지 않으므로 1~180의 값을 입력해주어야 합니다. 값이 1일 때는 3시 방향을 가리키고 시계 반대 방향으로 돌아 값이 180일 때는 9시 방향을 가리킵니다. 미니 서보 모터는 0°와 180° 끝 쪽으로 완벽히 제어하지는 못합니다. 손으로 힘을 주어 무리하게 움직이면 망가질 수 있으므로 주의해야 합니다.
- **활용** : 장치가 정밀하지 못해 산업용으로는 쓰이기 힘들며 주로 무선 자동차, 비행기, 로봇 등에 쓰입니다.

PWM 방식이란?
PWM(Pulse Width Modulation, 펄스 폭 변조)은 디지털 출력이지만 값을 아날로그화시켜 출력하는 방식입니다. 아두이노의 디지털 핀은 오직 0(LOW, 0V) 아니면 1(HIGH, 5V) 두 가지 신호 외에는 출력할 수 없으며 전압의 관점에서 보면 0V와 5V만 가질 수 있습니다. 하지만 PWM 기능을 이용하면 마치 아날로그 전압처럼 0V와 5V 사이의 전압으로 (예를 들면 2V, 3.5V 등) 출력을 낼 수 있습니다.

아날로그 신호와 디지털 신호의 차이는?
아날로그 신호는 시간을 따라 연속적인 값으로 표현되는 정보를 말합니다. 소리나 전압처럼 시시각각 그 세기가 변하기 때문에 미세한 차이를 나타낼 수는 있습니다. 반면, 디지털신호는 모든 정보를 0과 1이라는 2개 숫자의 조합으로 나타냅니다. 그러므로 다음 그림과 같이 전등이 꺼지고(0), 켜지는(1) 것처럼 값과 값 사이에서 갑자기 이동하는 양상을 보이게 됩니다.

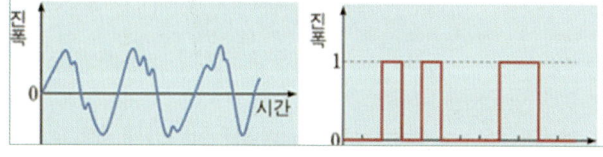

❽ 소리 감지 센서

- **사용 블록** : 소리 센서값(아날로그 0번)
- 아날로그 입력 센서로 0부터 1023까지의 아날로그 값을 전달하며 소리가 없을 때는 0, 소리 크기가 증가할수록 센서 값이 커집니다. 하지만 소리가 아예 없는 경우는 없으므로 통상 0~5 정도의 초기 값을 가지며 사람의 소리 크기로는 보통 200~400 정도까지만 증가합니다. 0~1023 값의 범위가 아닌 다른 값의 범위로 변환하고자 할 때에는 [아날로그 0번 값의 범위를 0~1023에서 0~100으로 바꾼 값으로 정하기] 변환 블록을 사용해야 합니다.
- **활용** : 마이크, LED 스피커, 이어폰 등에 쓰입니다.

❾ 거리 감지 센서

- **사용 블록** : 아날로그 5번(좌) / 아날로그 3번(우)
- 아날로그 입력 센서로 0부터 1023까지의 아날로그 값을 전달하며, 물체가 센서에 가까울 때 작은 값, 멀 때 큰 값을 전달합니다. 또한 흰색(밝은색)에서 0~200 정도의 값을 갖고 검정색(어두운색)에서 700~1000 정도의 값을 갖습니다. 하지만 인식 범위가 10cm 정도로 짧고 물체의 색, 조명의 밝기 등 외부 영향을 많이 받기 때문에 정밀하지 못합니다. 0~1023 값의 범위가 아닌 다른 값의 범위로 변환하고자 할 때에는 [아날로그 0번 값의 범위를 0~1023에서 0~100으로 바꾼 값으로 정하기] 변환 블록을 사용해야 합니다. 점퍼 케이블(F/F)을 이용해 센서보드 하단에 있는 확장포트 2군데에 연결합니다. 센서보드의 확장포트에 있는 흰색 점과 거리 센서에 있는 흰색 점이 같은 방향을 향하도록 연결합니다. 좌측 하단은 아날로그 5번, 우측 하단은 아날로그 3번을 이용하게 됩니다.
- **활용** : 자동문, 현관등, 로봇 청소기 등에 쓰입니다.

01. 디지털키보드 만나기

02. 말랑말랑 피아노

03. 말랑말랑 게임 패드

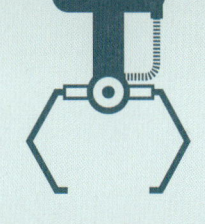

PART
01

디지털키보드

점퍼 케이블과 클레이를 이용하여 손으로 누르면 소리가 나는 피아노나
직접 조종할 수 있는 게임 패드를 만들어 봅니다.

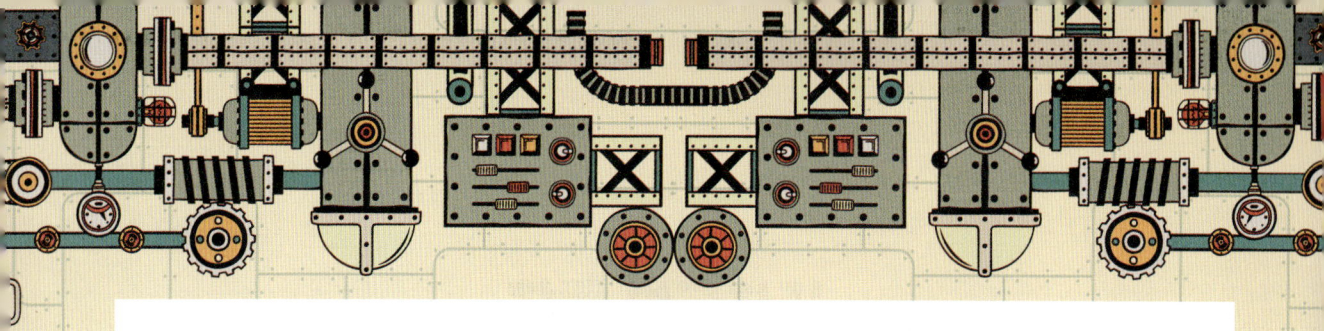

Chapter 01

디지털키보드 만나기

URL: https://goo.gl/wxNisR

점퍼 케이블 끝에 있는 핀을 손으로 잡아
디지털키보드의 센서 값을 살펴볼까요?

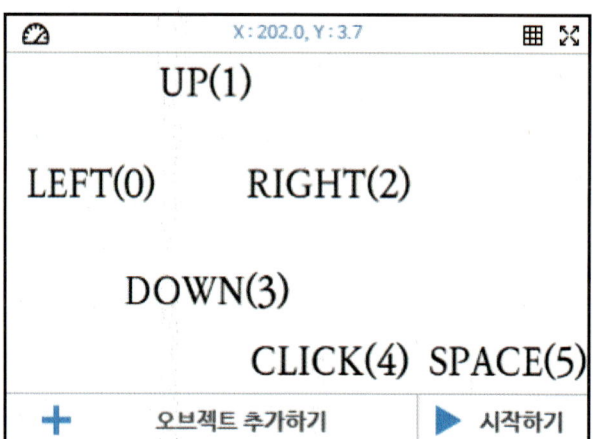

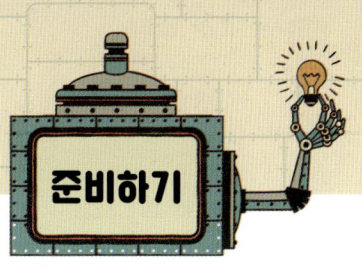

준비하기

● 준비물 살펴보기 ●

사진	용도	수량
	구글 크롬 브라우저	1
	엔트리 연결프로그램	1
	CS02-1 확장보드(디지털키보드)	1
	아두이노 UNO 보드	1
	USB 케이블(A-B)	1
	점퍼 케이블(M/M, 30cm)	7
	알루미늄 테이프	1
	벨크로(흰색 또는 검정색 사각, 보실이)	1

STEP 01 | 확장보드를 USB로 컴퓨터에 연결하기

01 확장보드는 아두이노를 기반으로 작동하는 아두이노 쉴드입니다. 아두이노 쉴드는 아두이노 보드 위에 쌓아올려 성능을 확장시키기 위한 하드웨어를 말합니다.

02 벨크로(사각, 보실이)를 아두이노 바닥에 붙여줍니다. 아두이노의 바닥 아랫부분의 중앙에 있는 핀에 손이 닿아 단선이 되는 것을 방지하기 위해 아랫부분이 충분히 가려지도록 붙여야 합니다.

03 확장보드의 핀을 아두이노 보드 위에 사진처럼 빨간색 쪽부터 맞춰 끼웁니다.

04 컴퓨터에 USB 케이블을 꽂고 반대편은 확장보드가 결합된 아두이노와 연결합니다.

> **TIP**
> 확장보드를 이용하다가 센서 값에 오류가 생길 시에는 케이블을 뺐다가 다시 끼워주거나 아두이노에 있는 빨간색 동그란 버튼을 3초 동안 눌러주면 리셋이 되어 초기 값으로 돌아옵니다.

STEP 02 | 엔트리 가입하기

01 구글 크롬에서 http://playentry.org/를 입력하여 엔트리 사이트에 접속합니다.

TIP
엔트리는 크롬으로 접속해야만 하드웨어 연결을 이용할 수 있습니다.

02 자신이 만든 작품을 저장하기 위해서는 회원가입을 해야 합니다.

 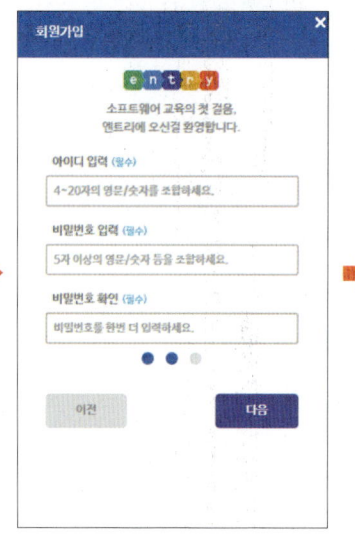 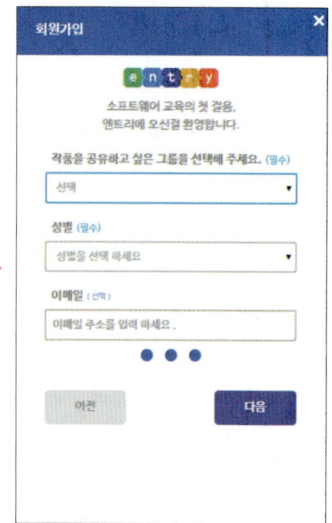

STEP 03 | 확장보드를 엔트리 하드웨어 프로그램으로 유선연결하기

01 화면 상단 메뉴에서 [만들기]→[작품 만들기]로 들어갑니다.

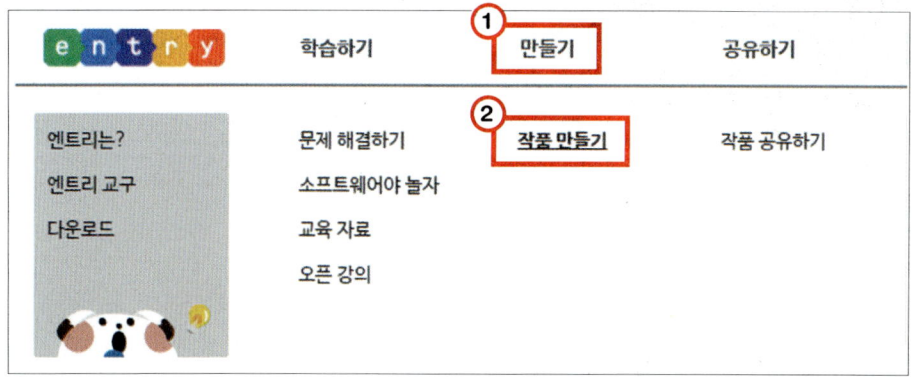

02 블록 꾸러미 카테고리에서 [하드웨어] 선택→[연결 프로그램 다운로드]를 클릭합니다.

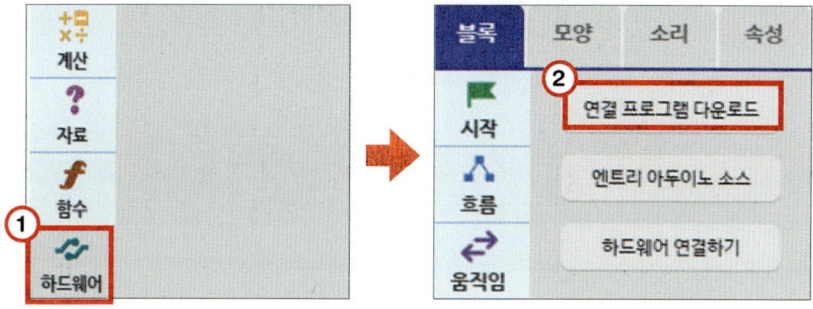

03 다운로드가 완료되면 크롬 브라우저 왼쪽 아래의 Entry_HW.exe를 클릭하여 설치합니다.

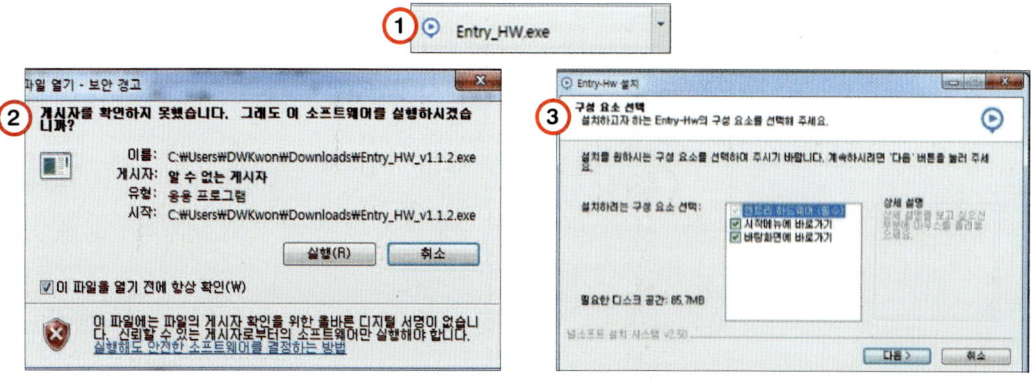

04 엔트리 하드웨어 프로그램을 실행합니다.

05 엔트리 하드웨어 연결프로그램을 실행 후 [E-센서보드(유선연결)]을 선택합니다.

06 [아두이노 호환보드 드라이버]를 누릅니다. 이 드라이버는 아두이노 UNO 호환보드의 드라이버입니다.

07 [INSTALL] 버튼을 누르고 기다리면 "Driver install success!"라는 메시지를 볼 수 있습니다. "확인"을 누른 후, DriverSetup(X64) 창을 끕니다.

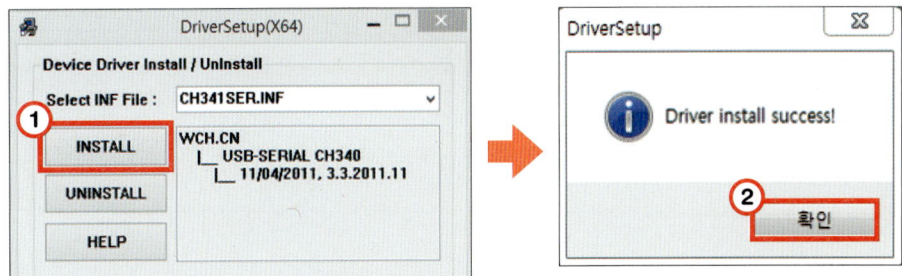

08 '펌웨어를 선택해 주세요'라는 문구가 뜨면 [센서/확장보드 유선 펌웨어]를 누르고 설치가 완료될 때까지 기다립니다.

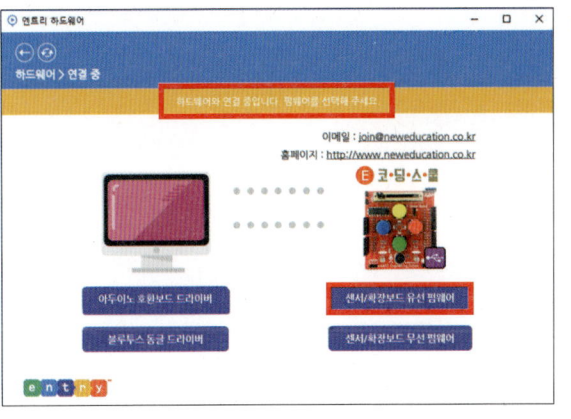

> **TIP**
> 업로드할 때에 아두이노 프로그램은 켜져 있으면 안됩니다. 아두이노의 마이크로 컨트롤러에 센서보드를 작동하기 위한 명령을 넣는 과정입니다. 마이크로 컨트롤러는 사람으로 치면 '뇌'와 같은 부분으로, 장치, 통신, 프로세서 제어 등 여러 가지로 기기를 제어할 수 있습니다. 마이크로 컨트롤러에 한 번 명령을 넣으면 새로운 명령을 넣어주기 전까지 계속 기억하고 동작하므로 펌웨어 설치 후 재설치하지 않아도 됩니다.

09 연결프로그램 창 상단에 '연결 성공'과 '하드웨어가 연결되었습니다'라는 메시지가 뜹니다.

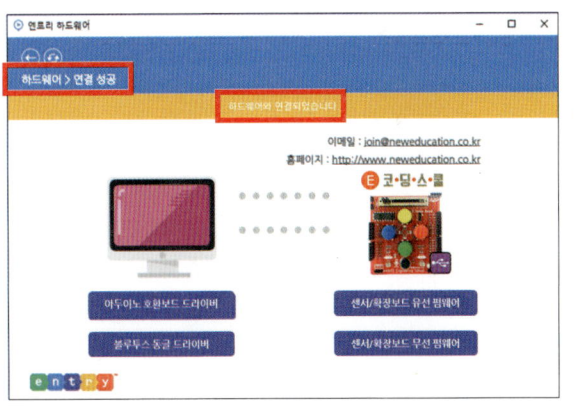

> **TIP**
> 연결프로그램은 확장보드를 연결하는 동안 그대로 켜 두어야 합니다. 창을 끄지 마세요. 만약 '연결 성공'이 뜨지 않는다면 확장보드의 USB를 다른 곳에 꽂아보거나 드라이버 설치에서 [UNINSTALL]를 하고 다시 [INSTALL]를 누릅니다.

10 엔트리 창을 켜고, 블록꾸러미의 [하드웨어] 카테고리에서 [하드웨어 연결하기]를 누릅니다.

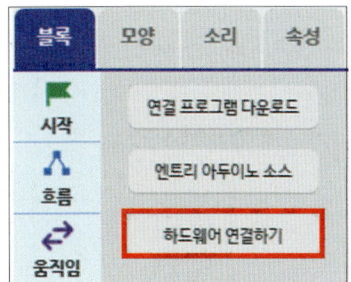

11 엔트리와 확장보드가 연결되고, 관련 블록들이 생겨났습니다.

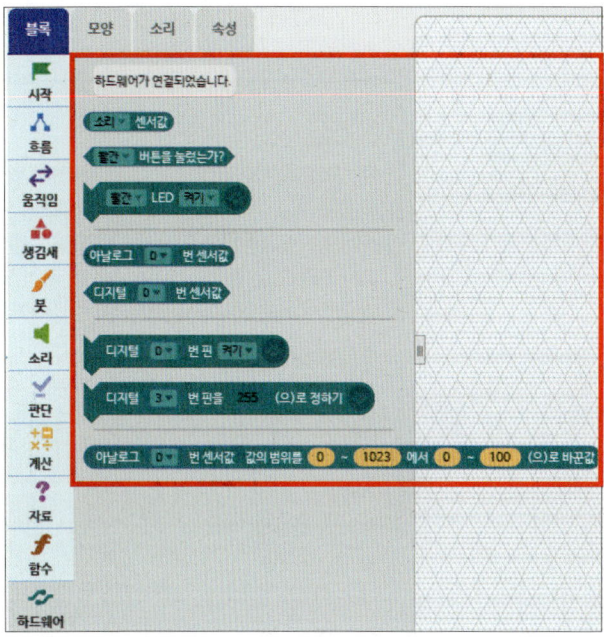

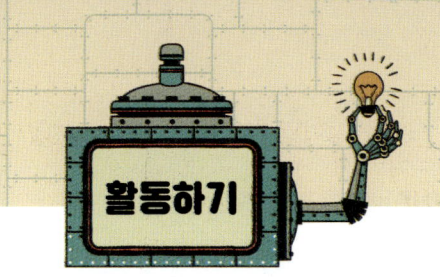

STEP 01 | 엔트리로 확장보드 센서 값을 확인할 수 있도록 코딩하기

01 [오브젝트 추가하기]→글상자→'LEFT(0)'를 적고 적용하기를 누릅니다.

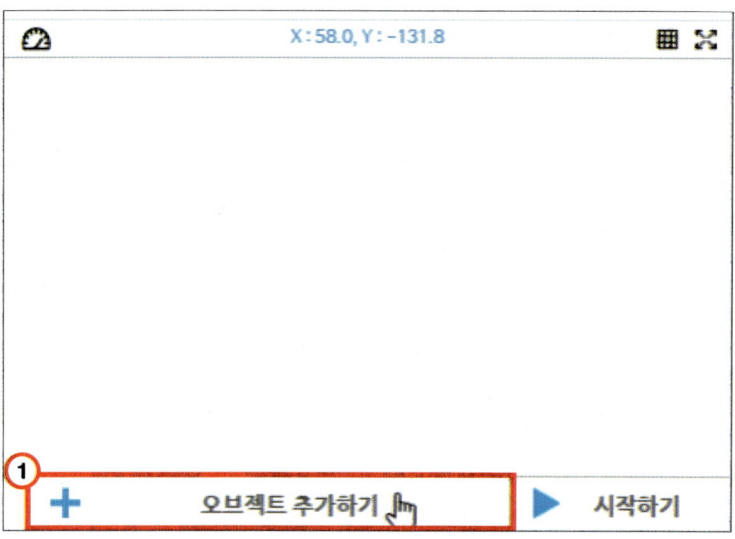

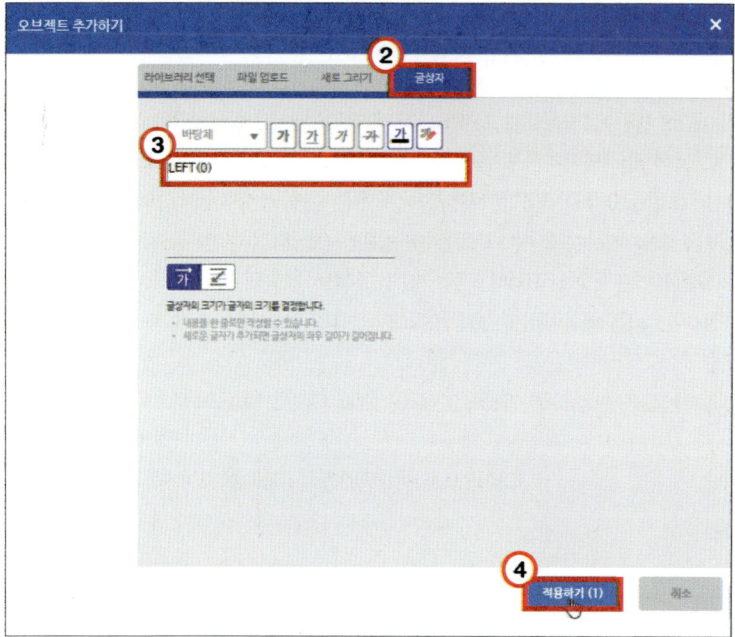

CHAPTER 01 :: 디지털키보드 만나기

02 '글상자' 오브젝트를 5번 복제한 후 6개의 '글상자' 오브젝트를 아래와 같이 배치합니다.

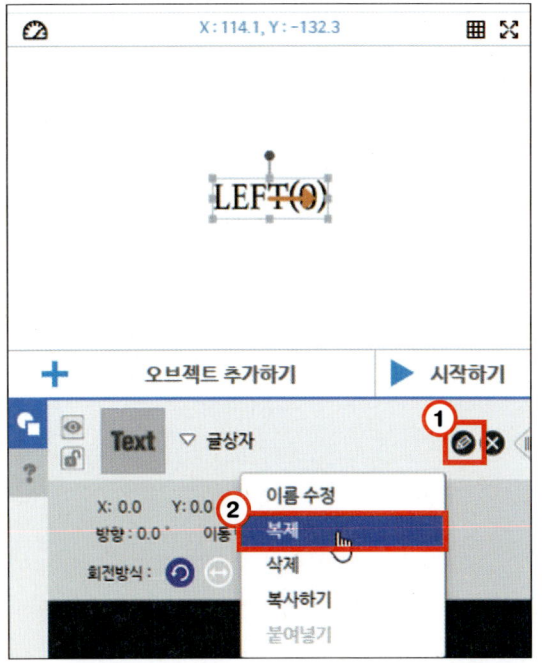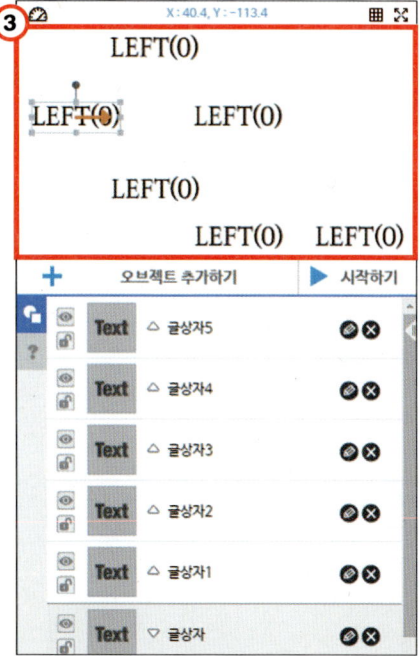

03 아래와 같이 6개의 '글상자' 오브젝트의 이름과 글 내용을 각각 'LEFT(0)', 'UP(1)', 'RIGHT(2)', 'DOWN(3)', 'CLICK(4)', 'SPACE(5)'로 변경합니다.

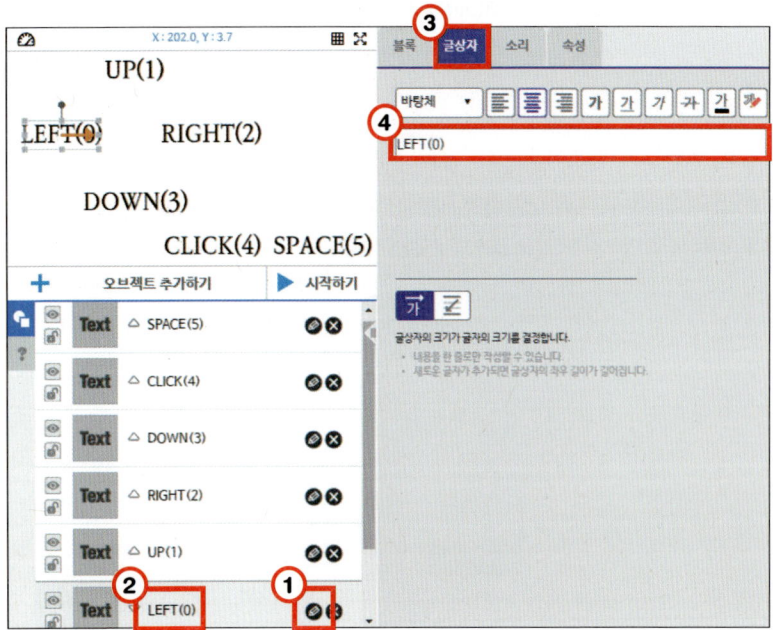

04 'SPACE(5)' 오브젝트를 눌러 아래와 같은 코드를 작성합니다. 'SPACE(5)' 오브젝트가 시작하기 버튼을 클릭했을 때 디지털 3번(BODY)를 켜고 계속 아날로그 5번(SPACE) 센서 값으로 쓰여집니다.

> **TIP**
> 디지털 3번 핀을 엔트리 블록으로 켠 뒤 이에 해당하는 확장보드의 BODY 부분을 손으로 만지거나 몸에 연결합니다. 그러면 다른 포트에서 아두이노가 받아들이는 센서 값이 우리 몸에 흐르는 전류로 인해 커지게 됩니다. 이 때 몸이 건조하면 상대적으로 센서 값이 작아지며, 수분이 많으면 센서 값이 커집니다.

05 'CLICK(4)' 오브젝트를 눌러 아래와 같은 코드를 작성합니다. 'CLICK(4)' 오브젝트가 시작하기 버튼을 클릭했을 때 계속 아날로그 4번(CLICK) 센서 값으로 쓰여집니다.

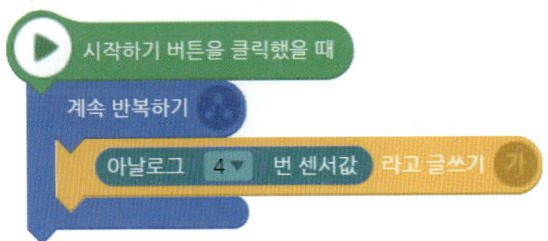

06 'DOWN(3)' 오브젝트를 눌러 아래와 같은 코드를 작성합니다. 'DOWN(3)' 오브젝트가 시작하기 버튼을 클릭했을 때 계속 아날로그 3번(DOWN) 센서 값으로 쓰여집니다.

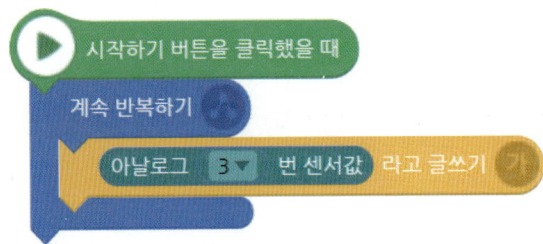

07 'RIGHT(2)' 오브젝트를 눌러 아래와 같은 코드를 작성합니다. 'RIGHT(2)' 오브젝트가 시작하기 버튼을 클릭했을 때 계속 아날로그 2번(RIGHT) 센서 값으로 쓰여집니다.

08 'UP(1)' 오브젝트를 눌러 아래와 같은 코드를 작성합니다. 'UP(1)' 오브젝트가 시작하기 버튼을 클릭했을 때 계속 아날로그 1번(UP) 센서 값으로 쓰여집니다.

09 'LEFT(0)' 오브젝트를 눌러 아래와 같은 코드를 작성하고 작품을 저장합니다. 'LEFT(0)' 오브젝트가 시작하기 버튼을 클릭했을 때 계속 아날로그 0번(LEFT) 센서 값으로 쓰여집니다.

STEP 02 | 작품 실행하기

01 확장보드의 LEFT, UP, RIGHT, DOWN, CLICK, SPACE, BODY 소켓에 점퍼 케이블(M/M) 7개를 1개씩 연결합니다.

02 실행화면 아래에 있는 [시작하기]를 클릭합니다. 점퍼 케이블 끝에 있는 핀을 각각 하나씩 손으로 잡았을 때와 BODY에 연결돼 있는 핀과 같이 잡았을 때의 센서 값을 비교해 봅시다.

CHAPTER 01 :: 디지털키보드 만나기

활동 보고하기

주제	디지털키보드 만나기	차시	1~2차시
		단계	확장
학습목표	1. 디지털키보드에 있는 센서 값에 대해 이해할 수 있다. 2. 디지털키보드 센서 값과 소리 블록을 연결하여 코딩할 수 있다. 3. 변수를 만들고 센서 값으로 지정하여 사용할 수 있다.		
학년, 반, 번호	( )학년 ( )반 ( )번	이름	

★ 생각열기 ★

클레이 이 외에도 어떤 물체를 활용해볼 수 있을지 친구들과 이야기해 봅시다.

우리 주변에 전류가 통하는 물체는 무엇이든지 간에 키보드와 같이 입력이 가능한 터치패드로 만들어 주며 키보드가 사용되는 대부분의 프로그램에 연동시킬 수 있습니다. 주변에 미세한 전류가 흐를 수 있는 모든 사물들을 터치패드 컨트롤러로 만들 수 있다는 것은 그 물체를 터치하게 되면 PC로 특정한 값이 입력된다는 것입니다.

활동 보고하기

학년, 반, 번호	( )학년 ( )반 ( )번	이름	

★정리하기★

손으로 눌러도 소리가 잘 나지 않는다면 블록의 어느 부분을 수정해야 할지 찾아봅시다. 또한 실제로 블록을 수정한 후에 작품을 실행시켜 봅시다.

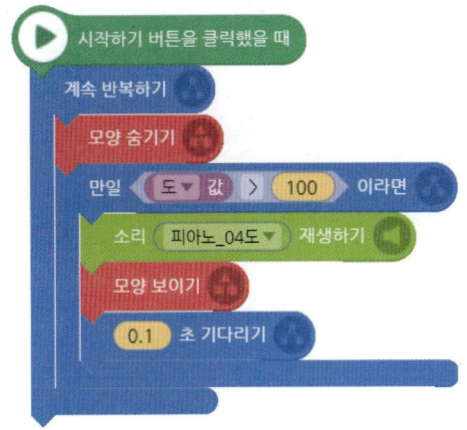

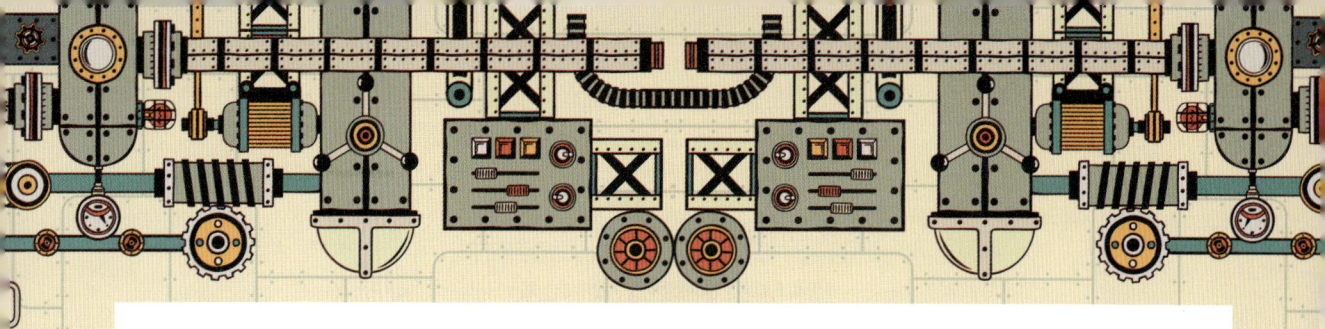

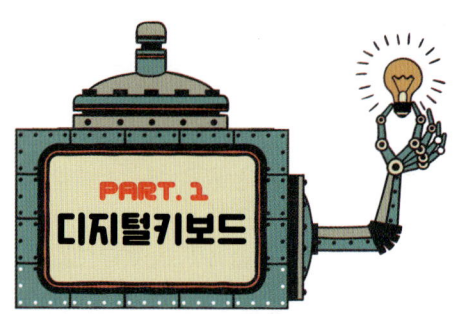

Chapter 02

말랑말랑 피아노

URL: https://goo.gl/wxNisR

클레이로 만든 피아노 건반을 누르면 엔트리에서
피아노 소리가 나도록 코딩해 볼까요?

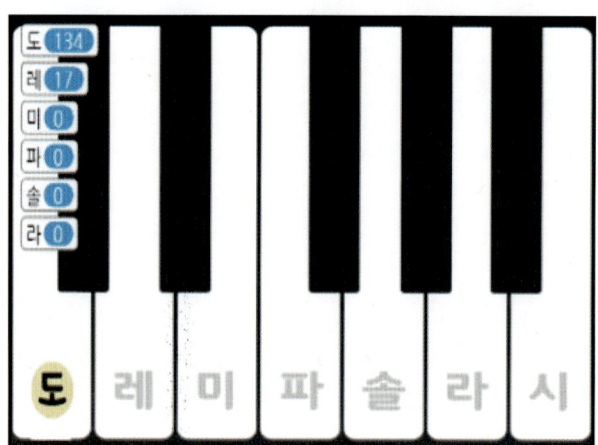

준비하기

● 준비물 살펴보기 ●

사진	용도	수량
	구글 크롬 브라우저	1
	엔트리 연결프로그램	1
	CS02-1 확장보드(디지털키보드)	1
	아두이노 UNO 보드	1
	USB 케이블(A-B)	1
	점퍼 케이블(M/M, 30cm)	7
	클레이	1
	알루미늄 테이프	1
	피아노 건반 종이	1
	벨크로(흰색 또는 검정색 사각, 보슬이)	1

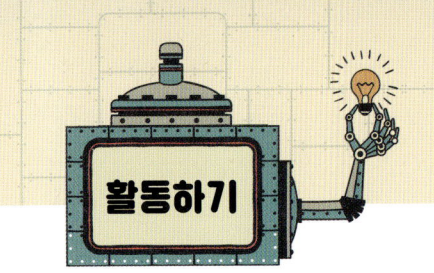

STEP 01 | 피아노 건반 만들기

01 100원의 절반 정도 크기로 클레이를 동그랗게 6개 만들어 줍니다.

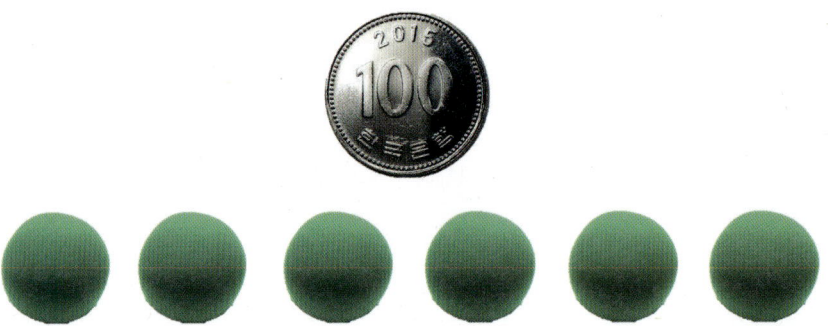

02 클레이를 타원형이 되도록 비벼준 후 확장보드의 BODY를 제외한 나머지 LEFT, UP, RIGHT, DOWN, CLICK, SPACE 소켓에 연결되어 있는 점퍼 케이블(M/M)의 핀에 끼워줍니다.

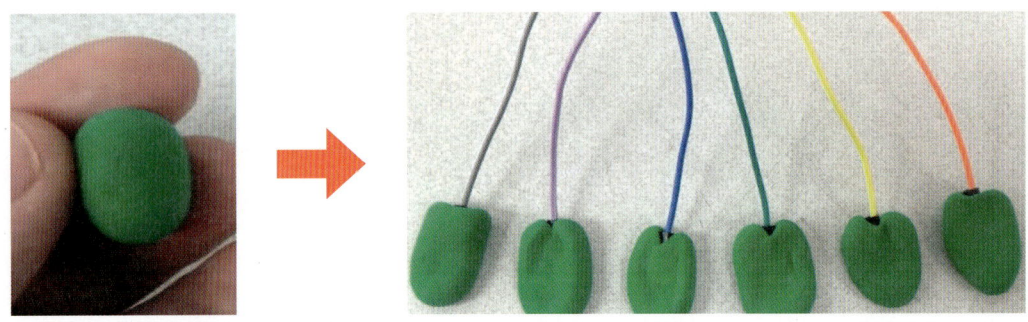

03 클레이를 끼운 점퍼 케이블(M/M) 6개를 피아노 건반 종이 위에 있는 번호에 맞게 붙여 줍니다.

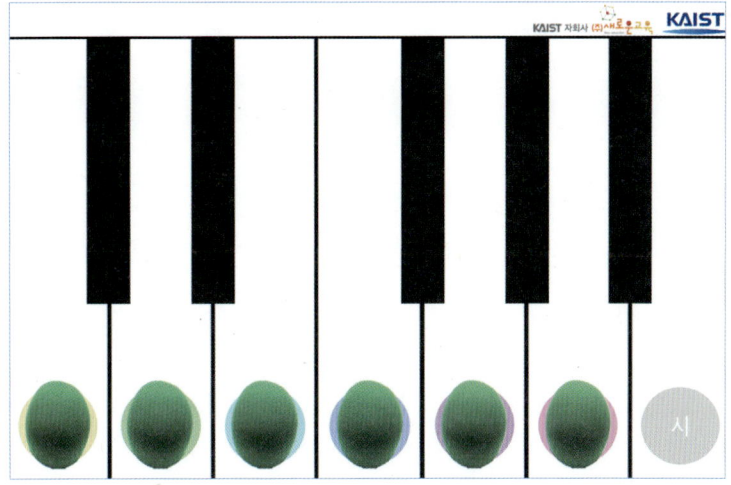

TIP
확장보드에 적혀있는 번호와 피아노 건반 종이에 적혀있는 번호가 같게 붙여주면 됩니다. 시간이 오래 지나 클레이의 접착력이 약해졌다면 풀칠해서 붙이면 됩니다.

04 BODY에 연결된 나머지 점퍼 케이블(M/M) 1개를 알루미늄 테이프의 끝에서 1cm 떨어진 곳에 붙입니다.

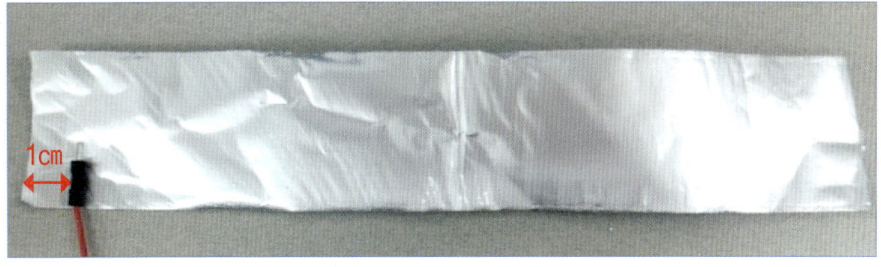

05 핀 부분이 알루미늄 테이프와 잘 접촉될 수 있도록 끝에 1cm 부분을 접어준 후 손톱으로 다시 한 번 눌러 줍니다.

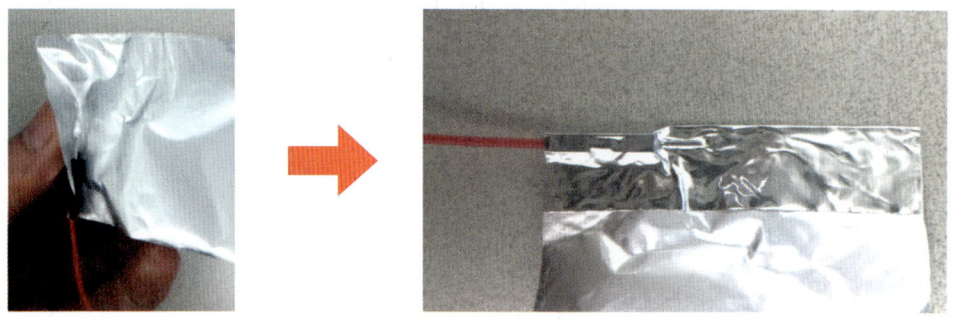

06 알루미늄 테이프를 반으로 접어서 붙여준 후에 손가락에 끼울 수 있도록 말아줍니다.

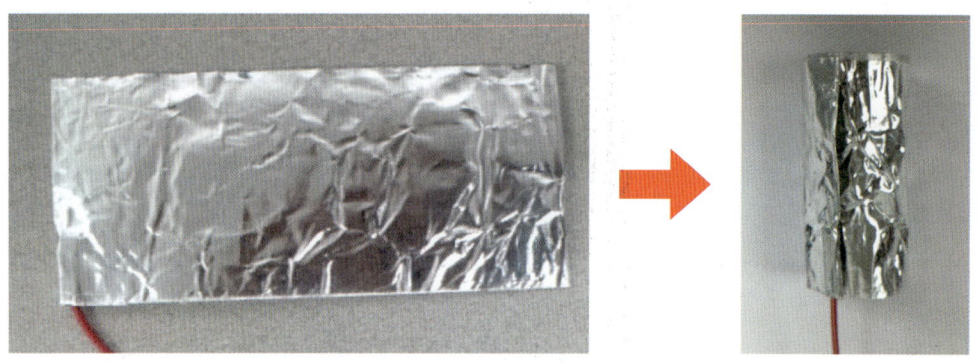

STEP 02 | 피아노 건반을 누르면 엔트리에서 피아노가 눌러지도록 코딩하기

01 [오브젝트 추가하기]를 눌러 '피아노', '피아노건반' 오브젝트를 추가합니다.

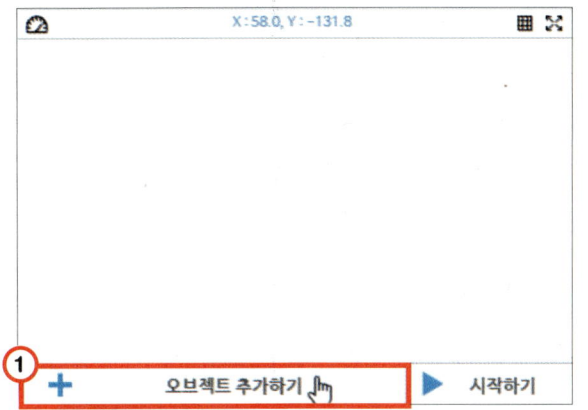 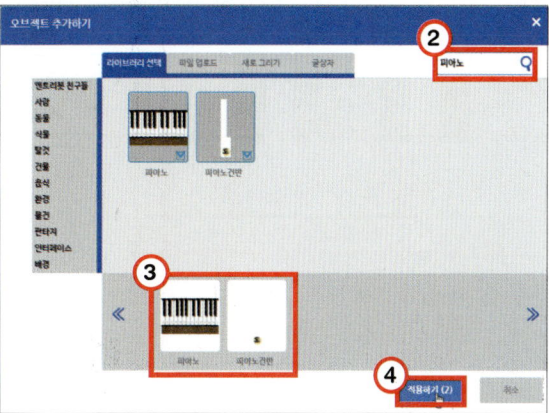

02 '피아노' 오브젝트의 크기를 500으로 변경하고 맨 아래에 오도록 마우스로 드래그하여 옮겨줍니다. 그리고 실행화면에서 '피아노' 오브젝트를 마우스로 옆으로 드래그하여 도~시까지의 건반만 나오도록 늘려줍니다.

> **TIP**
> 엔트리에서는 오브젝트 목록 창의 맨 위에 있는 오브젝트가 실행화면 맨 앞에 오게 되므로 오브젝트가 놓이는 순서가 중요합니다. 오브젝트의 순서는 마우스 왼쪽 버튼으로 드래그하여 변경할 수 있습니다.

03 '피아노건반' 오브젝트를 누르고 [소리]탭→[소리추가]→'피아노_04도', '피아노_05레', '피아노_06미', '피아노_07파', '피아노_08솔', '피아노_09라' 검색→마우스 왼쪽 버튼으로 대상 클릭→적용하기로 소리를 추가합니다.

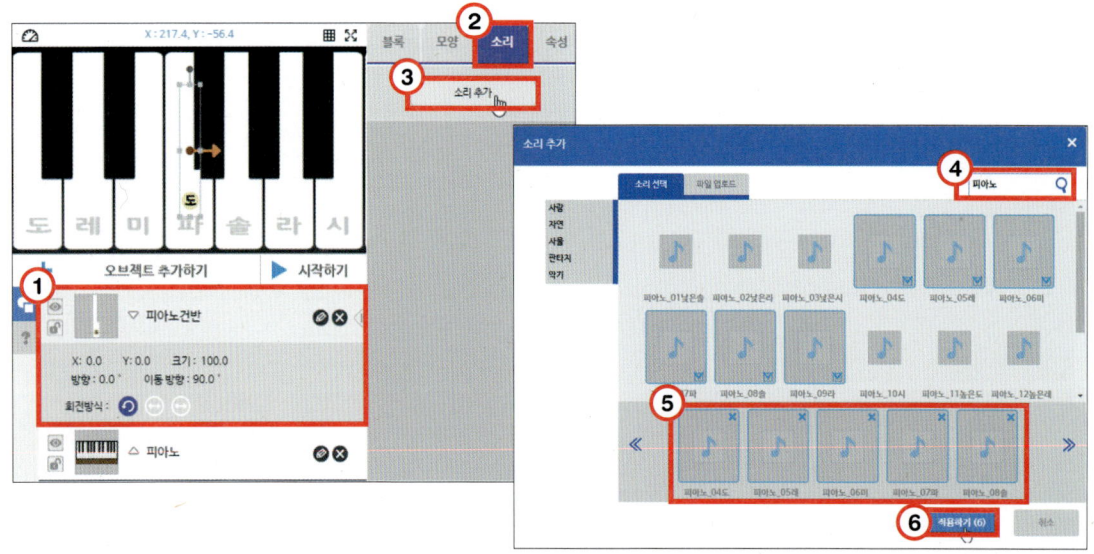

 엔트리 오브젝트에는 기본적으로 소리가 추가되어 있지 않습니다. 따라서 각각의 오브젝트마다 필요한 소리를 추가해야만 그 소리에 관한 블록을 사용할 수 있습니다. 또한 엔트리에 있는 기본 소리 이외의 다른 소리를 추가하고 싶다면 업로드하여 사용할 수도 있습니다.

04 '피아노건반' 오브젝트의 크기를 150으로 변경하고, 5번 복제합니다.

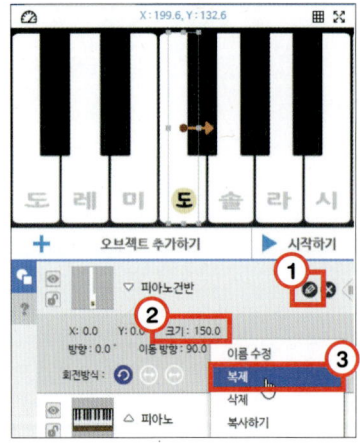

05 6개의 '피아노건반' 오브젝트의 이름을 위에서부터 도~라로 변경하고, 실행화면에서 도~라 건반 위치에 맞게 배치합니다.

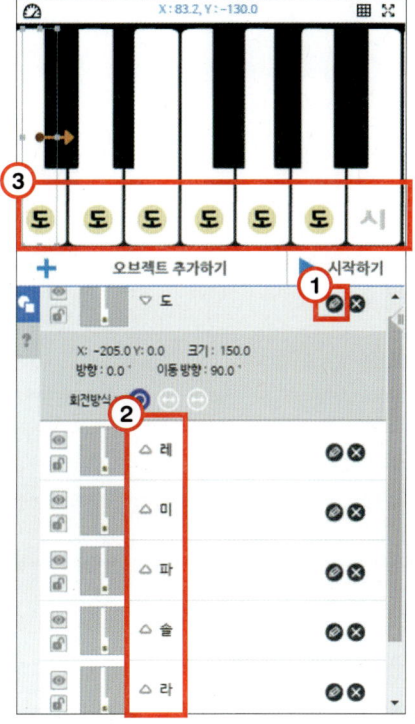

06 '레' 오브젝트를 누르고 [모양]탭→'피아노건반_레'를 선택합니다. 마찬가지로 '미'~'라' 오브젝트도 해당 모양에 맞게 변경해줍니다.

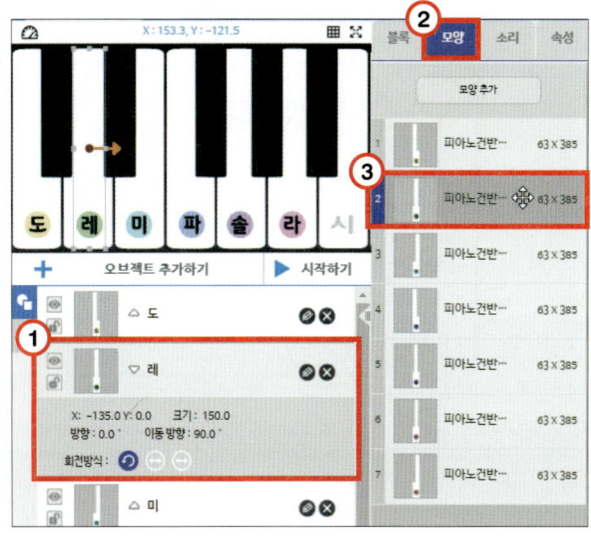

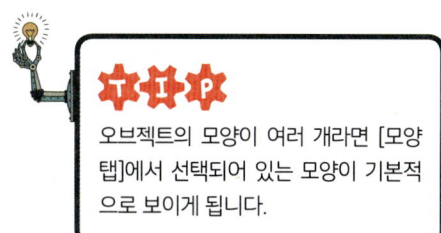

TIP
오브젝트의 모양이 여러 개라면 [모양 탭]에서 선택되어 있는 모양이 기본적으로 보이게 됩니다.

CHAPTER 02 :: 말랑말랑 피아노

07 [속성]탭→변수 추가→'도', '레', '미', '파', '솔', '라' 이름의 변수를 순서대로 6개 만듭니다.

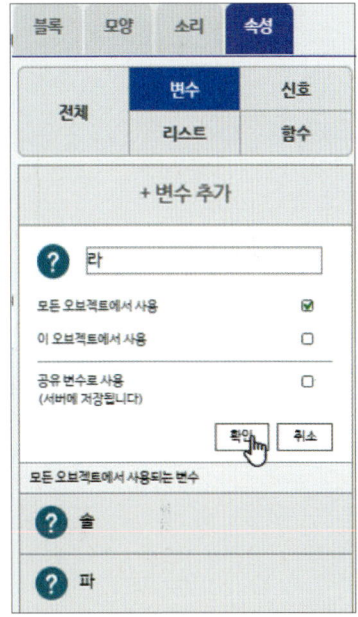

TIP

변수는 수학에서 쓰이는 x, y와 같은 미지수 역할을 합니다. 어떻게 코딩하느냐에 따라 그 역할은 달라집니다. 변수를 추가하면 [자료]에 새로운 블록이 생성됩니다. 변수를 순서대로 추가해야 실행화면 좌측 상단 위에서부터 아래로 차례차례 생겨납니다. 만약 순서대로 추가하지 못했을 경우에는 실행화면에서 변수를 마우스로 이동시키면 됩니다.

08 '피아노' 오브젝트를 눌러 아래와 같은 코드를 작성합니다. 아날로그 신호 값을 눈으로 확인할 수 있게 변수와 연결시켜 봅니다. '도' 변수를 아날로그 0번, '레' 변수를 아날로그 1번, '미' 변수를 아날로그 2번, '파' 변수를 아날로그 3번, '솔' 변수를 아날로그 4번, '라' 변수를 아날로그 5번으로 정합니다.

TIP

디지털 3번 핀을 엔트리 블록으로 켠 뒤 이에 해당하는 확장보드의 BODY 부분을 손으로 만지거나 몸에 연결합니다. 그러면 다른 포트에서 아두이노가 받아들이는 센서 값이 우리 몸에 흐르는 전류로 인해 커지게 됩니다. 이 때 몸이 건조하면 상대적으로 센서 값이 작아지며, 수분이 많으면 센서 값이 커집니다.

09 '도' 오브젝트를 눌러 아래와 같은 코드를 작성합니다. 모양을 숨겼다가 만약 '도' 변수(아날로그 0번) 값이 100보다 크다면 '피아노 도' 소리가 나고 모양이 보이게 된 후 0.1초를 기다립니다. 만약 '도' 변수(아날로그 0번) 값이 100보다 크지 않다면 모양을 다시 숨기게 됩니다. '0.1초 기다리기'는 소리가 너무 연속해서 나는 것을 방지하기 위해 추가한 것입니다.

TIP
현재 조건의 기준을 100으로 정했지만 아날로그 신호 값은 사람마다 다를 수 있습니다. 이 값은 추후에 작품을 실행해본 뒤 수정해야 합니다.

10 '레' 오브젝트를 눌러 아래와 같은 코드를 작성합니다. 모양을 숨겼다가 만약 '레' 변수(아날로그 1번) 값이 100보다 크다면 '피아노 레' 소리가 나고 모양이 보이게 된 후 0.1초를 기다립니다. 만약 '레' 변수(아날로그 1번) 값이 100보다 크지 않다면 모양을 다시 숨기게 됩니다. '0.1초 기다리기'는 소리가 연속해서 나는 것을 방지하기 위해 추가한 것입니다.

11 '미' 오브젝트를 눌러 아래와 같은 코드를 작성합니다. 모양을 숨겼다가 만약 '미' 변수(아날로그 2번) 값이 100보다 크다면 '피아노 미' 소리가 나고 모양이 보이게 된 후 0.1초를 기다립니다. 만약 '미' 변수(아날로그 2번) 값이 100보다 크지 않다면 모양을 다시 숨기게 됩니다. '0.1초 기다리기'는 소리가 연속해서 나는 것을 방지하기 위해 추가한 것입니다.

12 '파' 오브젝트를 눌러 아래와 같은 코드를 작성합니다. 모양을 숨겼다가 만약 '파' 변수(아날로그 3번) 값이 100보다 크다면 '피아노 파' 소리가 나고 모양이 보이게 된 후 0.1초를 기다립니다. 만약 '파' 변수(아날로그 3번) 값이 100보다 크지 않다면 모양을 다시 숨기게 됩니다. '0.1초 기다리기'는 소리가 연속해서 나는 것을 방지하기 위해 추가한 것입니다.

13 '솔' 오브젝트를 눌러 아래와 같은 코드를 작성합니다. 모양을 숨겼다가 만약 '솔' 변수(아날로그 4번) 값이 100보다 크다면 '피아노 솔' 소리가 나고 모양이 보이게 된 후 0.1초를 기다립니다. 만약 '솔' 변수(아날로그 4번) 값이 100보다 크지 않다면 모양을 다시 숨기게 됩니다. '0.1초 기다리기'는 소리가 연속해서 나는 것을 방지하기 위해 추가한 것입니다.

14 '라' 오브젝트를 눌러 아래와 같은 코드를 작성합니다. 모양을 숨겼다가 만약 '라' 변수(아날로그 5번) 값이 100보다 크다면 '피아노 라' 소리가 나고 모양이 보이게 된 후 0.1초를 기다립니다. 만약 '라' 변수(아날로그 5번) 값이 100보다 크지 않다면 모양을 다시 숨기게 됩니다. '0.1초 기다리기'는 소리가 연속해서 나는 것을 방지하기 위해 추가한 것입니다.

STEP 03 | 작품 실행하기

01 실행화면 아래에 있는 [시작하기]를 클릭합니다. 확장보드에 연결된 클레이를 그냥 손가락만으로 눌렀을 때와 BODY에 연결된 알루미늄 테이프를 손가락에 감은 채 눌렀을 때의 차이점을 비교하면서 피아노를 연주해봅시다.

 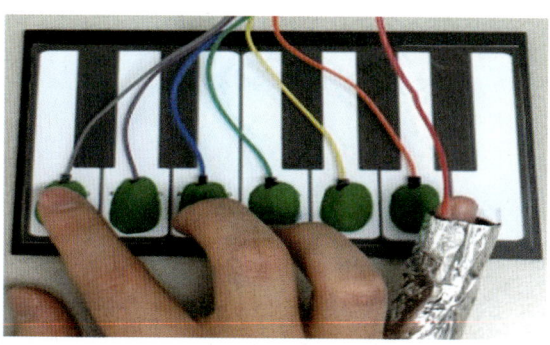

02 '나비야' 노래를 연주해 봅시다.

03 '자전거' 노래를 연주해 봅시다.

04 '작은 별' 노래를 연주해 봅시다.

05 '비행기' 노래를 연주해 봅시다.

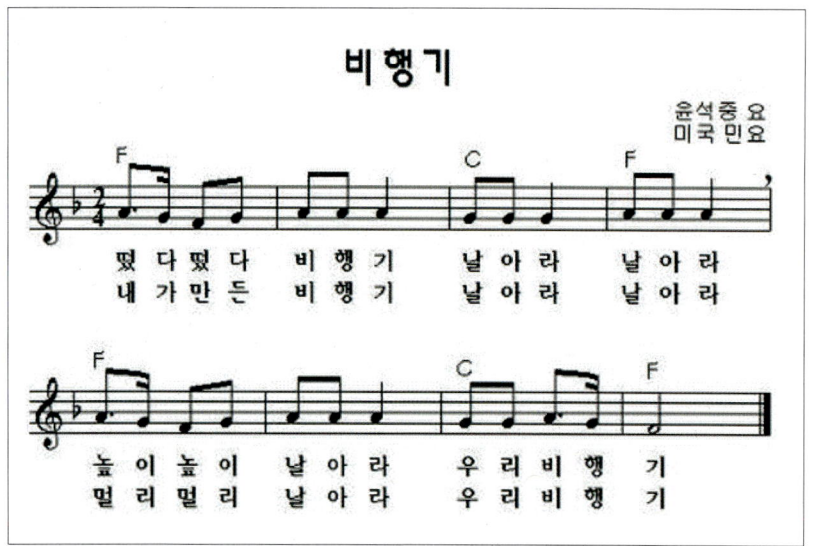

★ 완성코드 ★

CHAPTER 02 :: 말랑말랑 피아노

활동 보고하기

주제	말랑말랑 피아노	차시	1~2차시
		단계	확장
학습목표	1. 디지털키보드에 있는 센서 값에 대해 이해할 수 있다. 2. 디지털키보드 센서 값과 소리 블록을 연결하여 코딩할 수 있다. 3. 변수를 만들고 센서 값으로 지정하여 사용할 수 있다.		
학년, 반, 번호	(　)학년 (　)반 (　)번	이름	

★ 생각열기 ★

클레이 이외에도 어떤 물체를 활용해볼 수 있을지 친구들과 이야기해 봅시다.

우리 주변에 전류가 통하는 물체는 무엇이든지 간에 키보드와 같이 입력이 가능한 터치패드로 만들어 주며, 키보드가 사용되는 대부분의 프로그램에 연동시킬 수 있습니다. 주변에 미세한 전류가 흐를 수 있는 모든 사물들을 터치패드 컨트롤러로 만들 수 있다는 것은 그 물체를 터치하게 되면 PC로 특정한 값이 입력된다는 것입니다.

활동 보고하기

학년, 반, 번호	( )학년 ( )반 ( )번	이름	

★정리하기★

손으로 눌러도 소리가 잘 나지 않는다면 블록의 어느 부분을 수정해야 할지 찾아봅시다. 또한 실제로 블록을 수정한 후에 작품을 실행시켜 봅시다.

PART. 1
디지털키보드

Chapter 03

말랑말랑 게임 패드

URL: https://goo.gl/jEgHBV

게임 패드로 움직일 수 있는
간단한 게임을 만들어 볼까요?

준비하기

● 준비물 살펴보기 ●

사진	용도	수량
	구글 크롬 브라우저	1
	엔트리 연결프로그램	1
	CS02-1 확장보드(디지털키보드)	1
	아두이노 UNO 보드	1
	USB 케이블(A-B)	1
	점퍼 케이블(M/M, 30cm)	7
	클레이	1
	알루미늄 테이프	1
	피아노 건반 종이	1

STEP 01 | 아케이드 게임의 흐르는 배경 코딩하기

01 [오브젝트 추가하기]를 눌러 '들판(3)' 오브젝트를 추가합니다.

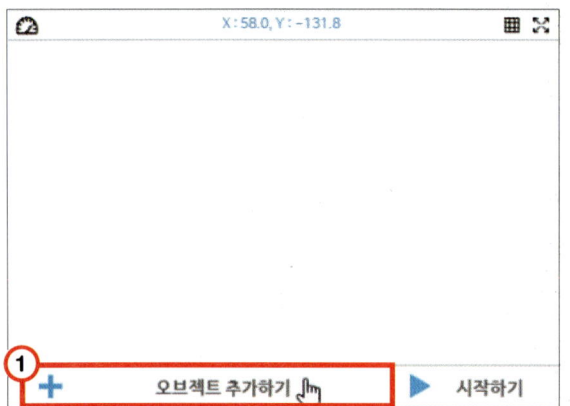
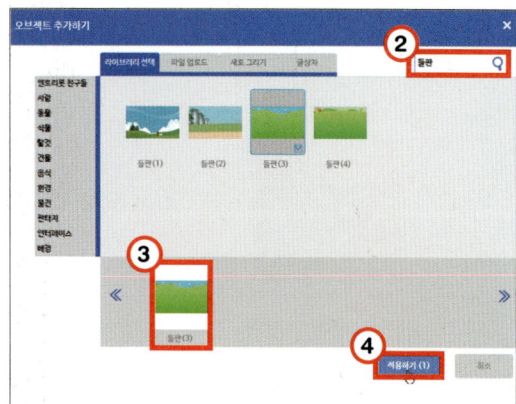

02 '들판(3)' 오브젝트를 복제한 후 실행화면의 좌표를 살펴봅니다.

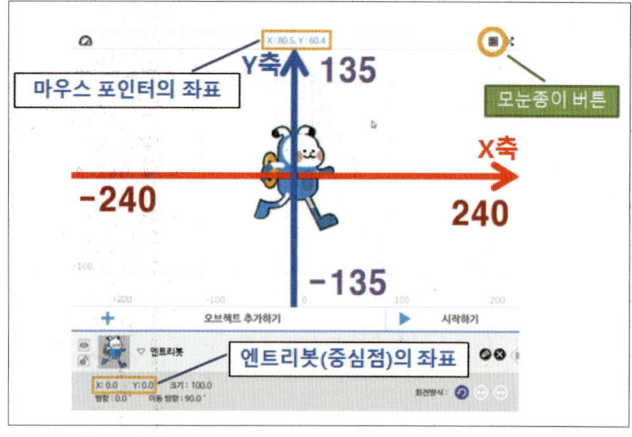

TIP

엔트리 실행화면은 x축(가로) 방향으로 -240~240, y축(세로) 방향으로 -135~135로 구성되어 있습니다. 오브젝트들의 위치는 각 오브젝트가 가지고 있는 중심점의 좌표로 오브젝트 목록에서 그 정보를 확인할 수 있으며, 현재 마우스 포인터가 가리키고 있는 좌표는 실행화면 상단에서 확인할 수 있습니다.

03 배경화면이 흐르는 것처럼 만들기 위해서는 2개의 배경을 어떻게 코딩하면 좋을지 생각해봅니다.

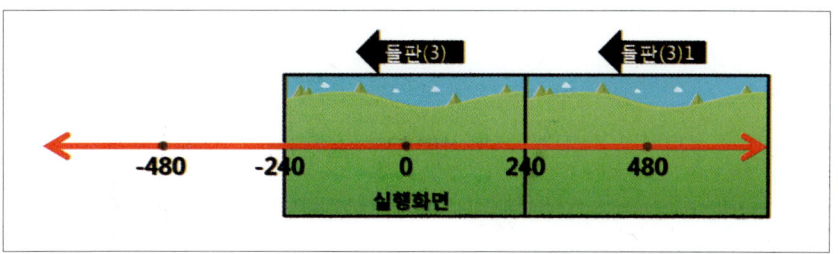

04 '들판(3)' 오브젝트와 '들판(3)1' 오브젝트를 눌러 아래와 같은 코드를 각각 작성하고 작품을 저장합니다. '들판(3)' 오브젝트가 x좌표 -3만큼 바뀌다가 x좌표 값이 -450이 되면 x좌표 450 위치로 이동합니다. '들판(3)1' 오브젝트는 처음에 x좌표 450으로 이동한 후 마찬가지로 x좌표 -3만큼 바뀌다가 x좌표 값이 -450이 되면 x좌표 450 위치로 이동합니다. 원래대로라면 480으로 설정하는 것이 맞지만 '들판(3)' 오브젝트의 양 끝 모양이 고르지 않기 때문에 약간 겹치도록 만들었습니다.

STEP 02 | 작품 실행하기

01 실행화면 아래에 있는 [시작하기]를 클릭합니다. 배경이 어떻게 변하는지 살펴봅시다.

★ 완성코드 1 ★

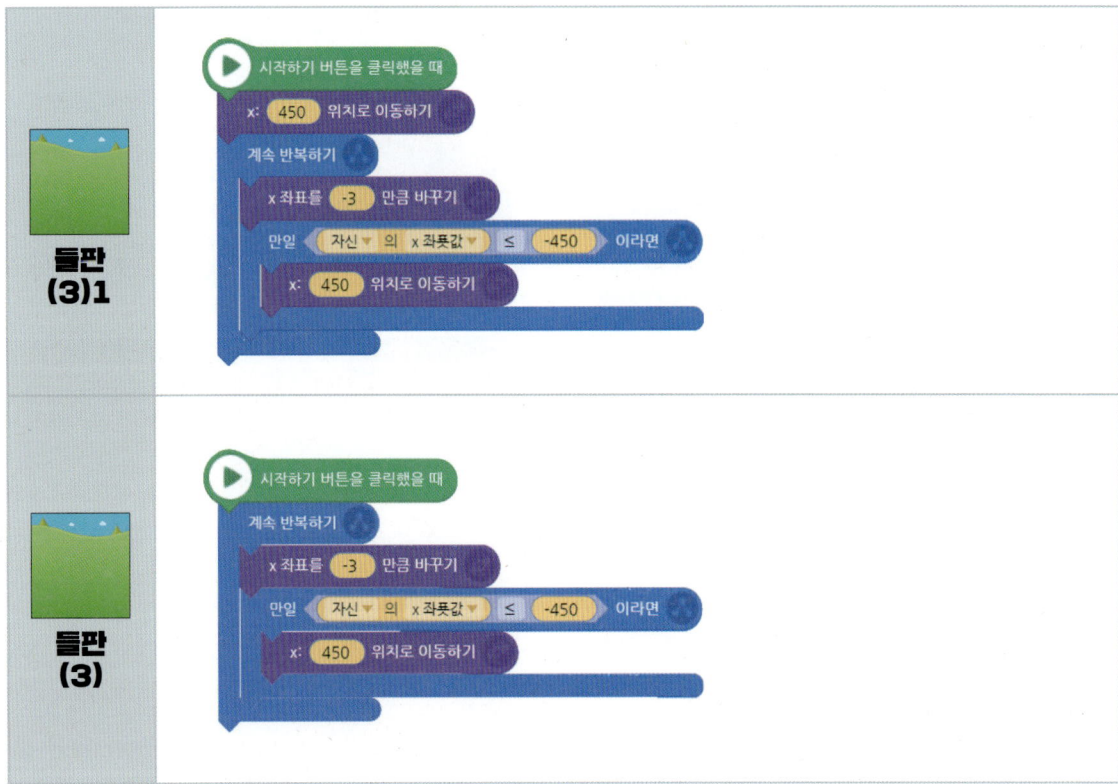

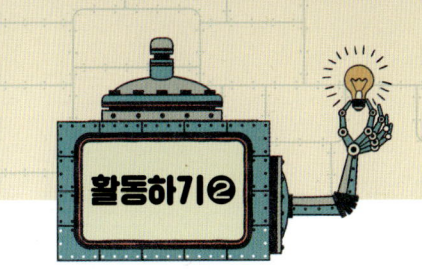

STEP 01 | 키보드 방향키로 조작할 수 있는 호랑이 코딩하기

01 [오브젝트 추가하기]를 눌러 '호랑이' 오브젝트를 추가합니다.

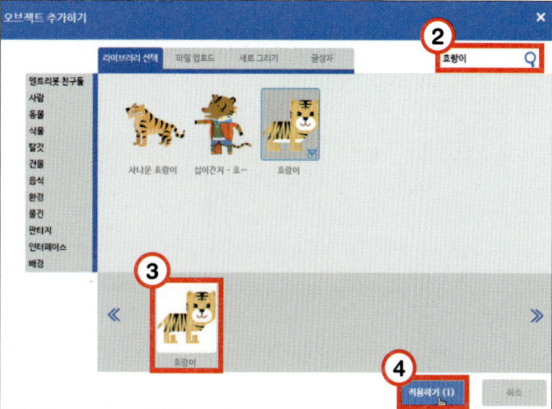

02 '호랑이' 오브젝트를 눌러 아래와 같은 코드를 작성합니다. '호랑이' 오브젝트의 모양이 0.1초를 간격으로 계속 다음 모양으로 바뀌어 마치 달리고 있는 것처럼 보이게 합니다. 키보드 왼쪽 방향키가 −X, 위쪽 방향키가 +Y, 오른쪽 방향키가 −X, 아래쪽 방향키가 −Y에 해당하도록 했습니다.

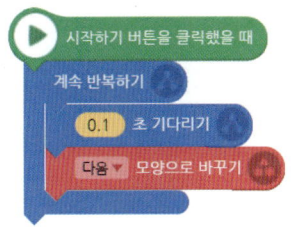
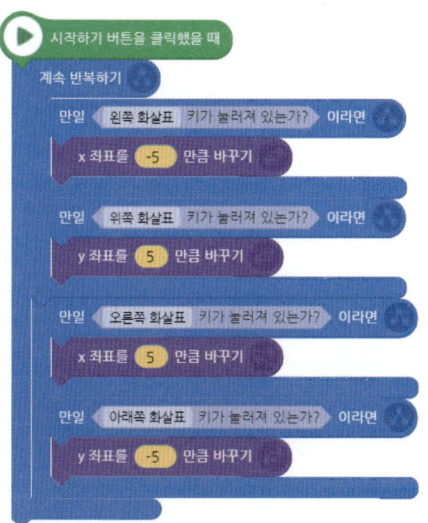

 [계속 반복하기] 블록이 없다면 작품 [시작하기]를 눌렀을 때 코드가 1번만 실행되므로 이후에 버튼을 눌러도 아무런 반응이 없습니다. 또한 [만일 □이라면] 블록이 서로 독립적으로 붙어있지 않고 다른 블록 안으로 들어가 버리면 다른 버튼이 먼저 눌러져 있어야 한다는 선행조건이 생기게 됩니다.

03 '호랑이' 오브젝트를 눌러 아래와 같은 코드를 작성하고 작품을 저장합니다. 만약 호랑이 x좌표 값이 240보다 커지면 x좌표를 −10만큼 바꾸고, y좌표 값이 125보다 커지면 y좌표를 −10만큼 바꾸고, x좌표 값이 −240보다 작아지면 x좌표를 10만큼 바꾸고, y좌표 값이 −120보다 작아지면 y좌표를 10만큼 바꿉니다. 이런 식으로 코딩하면 오브젝트가 화면 밖으로 나가는 것을 막을 수 있습니다. 아니면 배경 흐르기처럼 화면 밖으로 나가면 반대편에서 나타나도록 만드는 방법도 있습니다. [화면 끝에 닿으면 튕기기] 블록이 있지만 오류가 발생하기 때문에 잘 사용하지 않습니다.

STEP 02 | 작품 실행하기

01 실행화면 아래에 있는 [시작하기]를 클릭합니다. 키보드 방향키로 호랑이를 조종해 봅시다.

★ 완성코드 ★

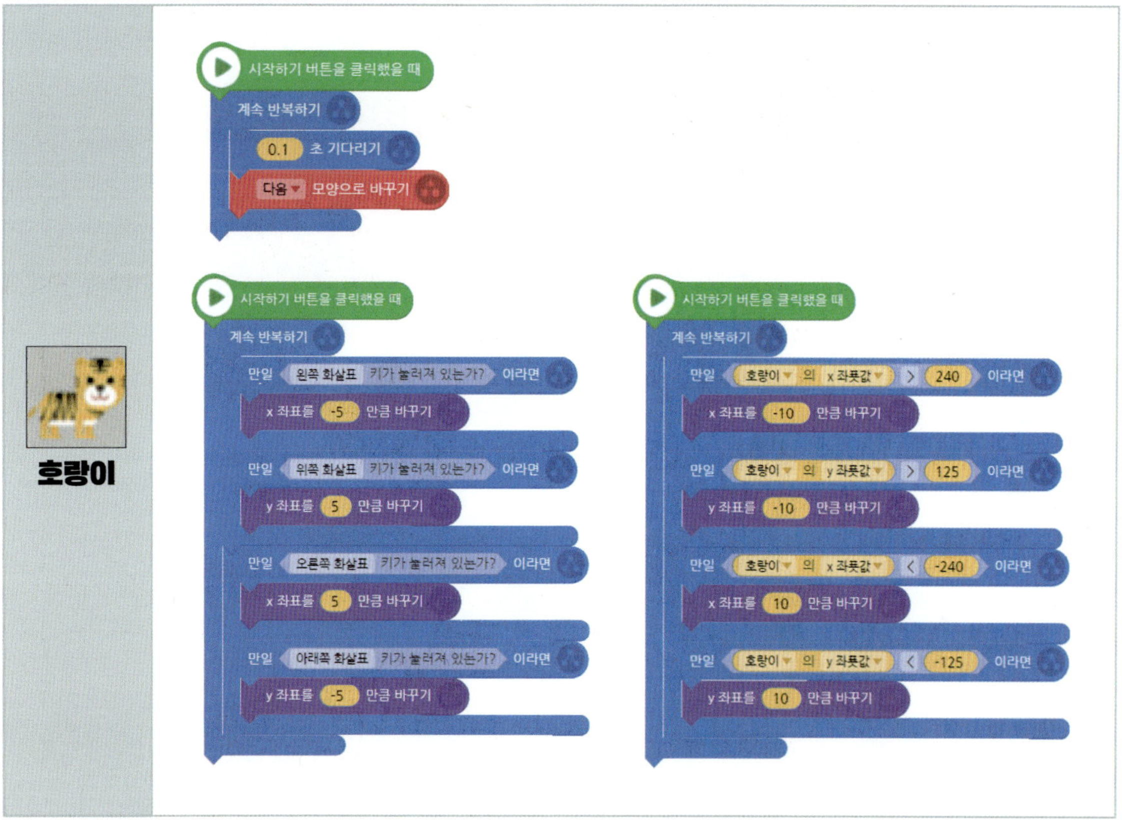

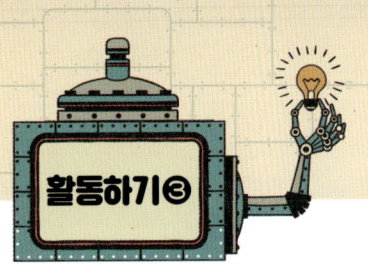

STEP 01 | 게임 패드 만들기

01 확장보드의 LEFT, UP, RIGHT, DOWN, CLICK, SPACE, BODY 소켓에 점퍼 케이블(M/M) 7개를 1개씩 연결합니다.

02 100원의 절반 정도 크기로 클레이를 동그랗게 6개 만들어 줍니다.

03 클레이를 타원형이 되도록 비벼준 후 확장보드의 BODY를 제외한 나머지 LEFT, UP, RIGHT, DOWN, CLICK, SPACE 소켓에 연결되어 있는 점퍼 케이블(M/M)의 핀에 끼워줍니다.

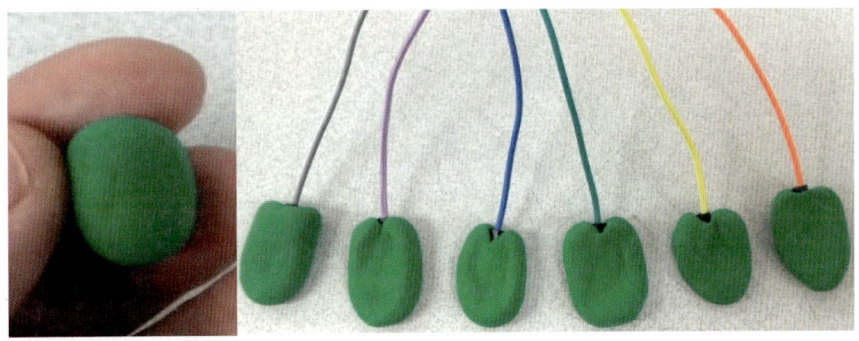

04 클레이를 끼운 점퍼 케이블(M/M) 6개를 게임 패드 종이 위에 있는 번호에 맞게 붙여줍니다.

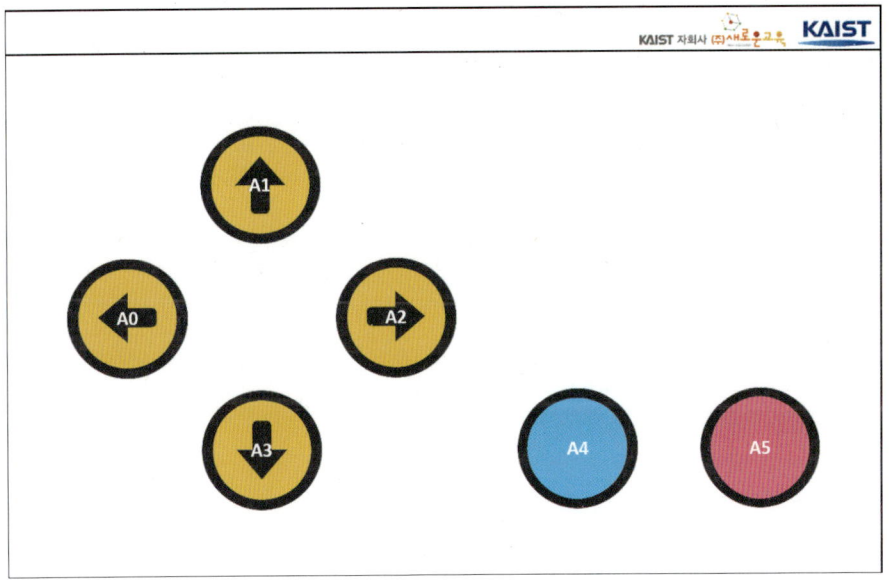

> 확장보드에 적혀있는 번호와 게임 패드 종이에 적혀있는 번호가 같게 붙여주면 됩니다. 시간이 오래 지나 클레이의 접착력이 약해졌다면 풀칠해서 붙이면 됩니다.

05 BODY에 연결된 나머지 점퍼 케이블(M/M) 1개를 알루미늄 테이프의 끝에서 1cm 떨어진 곳에 붙입니다.

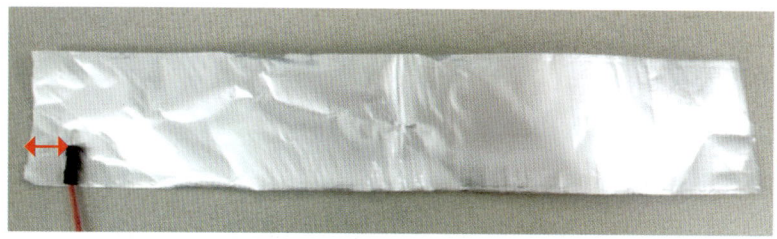

06 핀 부분이 알루미늄 테이프와 잘 접촉될 수 있도록 끝에 1cm 부분을 접어준 후 손톱으로 다시 한 번 눌러줍니다.

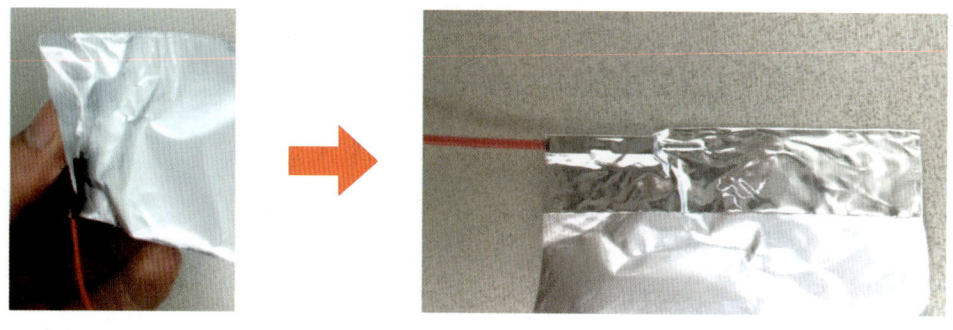

07 알루미늄 테이프를 반으로 접어서 붙여준 후에 손가락에 끼울 수 있도록 말아줍니다.

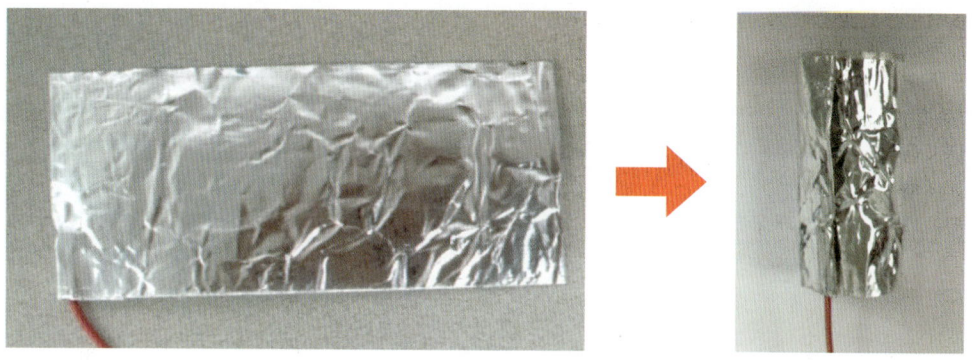

STEP 02 | 게임 패드로 호랑이를 움직일 수 있도록 코딩하기

01 [오브젝트 추가하기]를 눌러 '와이파이', '폭탄', '뱀' 오브젝트를 추가합니다.

 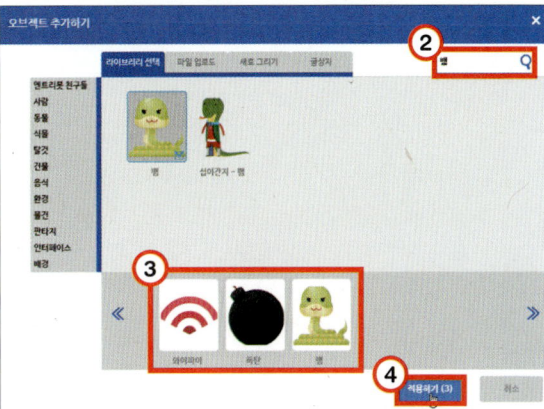

02 '뱀' 오브젝트의 좌표를 X: 500, Y: 0, 크기를 50으로 변경합니다.

03 '폭탄' 오브젝트의 좌표를 X: 500, Y: 0, 크기를 50으로 변경합니다.

04 '와이파이' 오브젝트의 좌표를 X: -500, Y: 0, 방향을 90°, 이름을 '포효'로 변경합니다.

05 [속성]탭→신호 추가→'포효' 신호를 만듭니다.

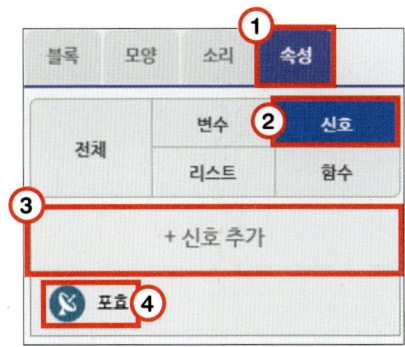

06 [속성]탭→변수 추가→'생명' 이름의 변수를 만듭니다. 기본값을 3으로 변경합니다.

> **TIP**
> 변수는 수학에서 쓰이는 x, y와 같은 미지수 역할을 합니다. 어떻게 코딩하느냐에 따라 그 역할은 달라집니다. 변수를 추가하면 [자료]에 새로운 블록이 생성됩니다. 변수를 순서대로 추가해야 실행화면 좌측 상단 위에서부터 아래로 차례차례 생겨납니다. 만약 순서대로 추가하지 못했을 경우에는 실행화면에서 변수를 마우스로 이동시키면 됩니다.

07 '호랑이' 오브젝트를 누르고→[소리]탭→[소리추가]→'호랑이 울음소리' 검색→마우스 왼쪽 버튼으로 대상 클릭→적용하기로 소리를 추가합니다.

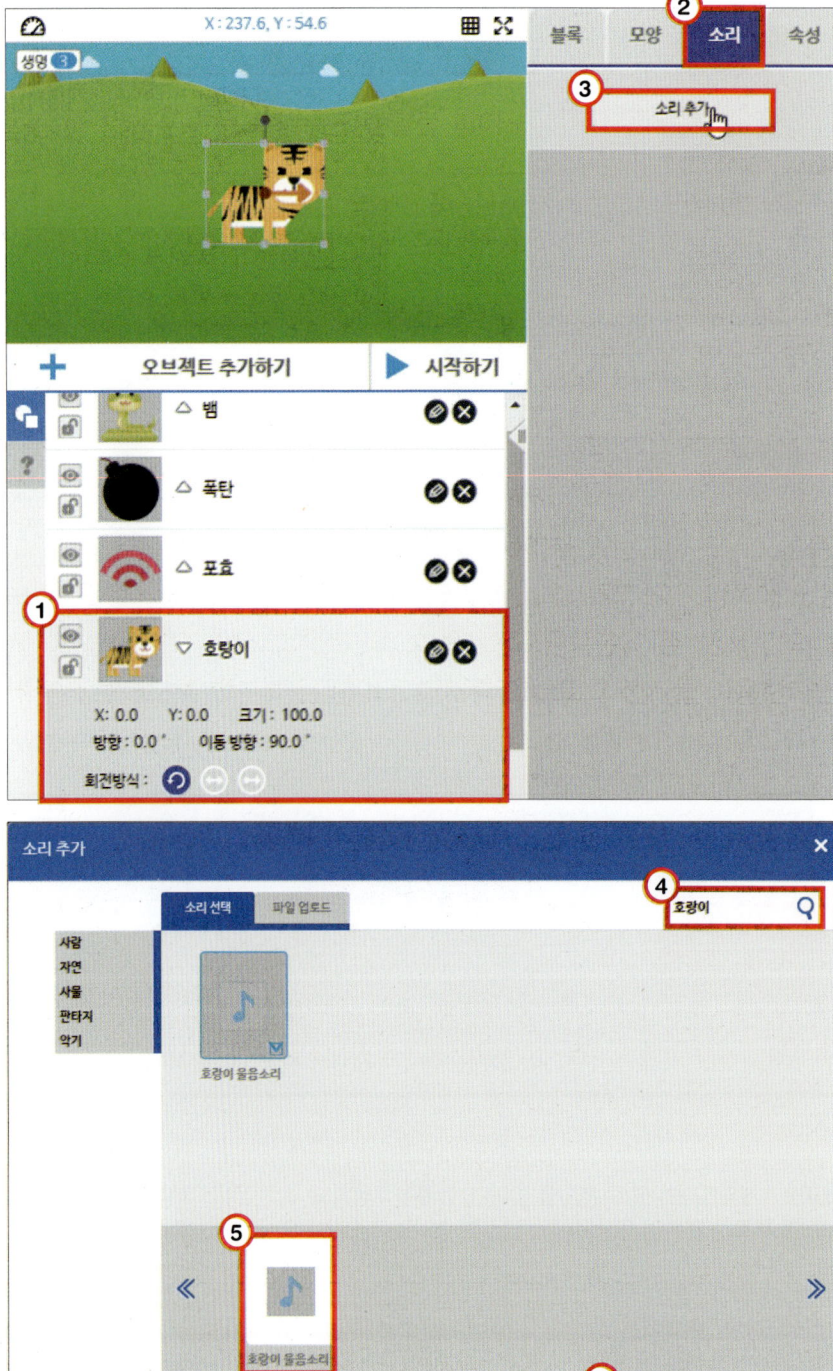

TIP

엔트리 오브젝트에는 기본적으로 소리가 추가되어 있지 않습니다. 따라서 각각의 오브젝트마다 필요한 소리를 추가해야만 그 소리에 관한 블록을 사용할 수 있습니다. 또한 엔트리에 있는 기본 소리 이외의 다른 소리를 추가하고 싶다면 업로드하여 사용할 수도 있습니다.

08 '호랑이' 오브젝트의 기존 코드를 수정합니다. 키보드 방향키로 오브젝트가 이동하던 것을 아날로그 센서 값이 100보다 커질 때 이동하도록 변경합니다.

TIP

디지털 3번 핀을 엔트리 블록으로 켠 뒤 이에 해당하는 확장보드의 BODY 부분을 손으로 만지거나 몸에 연결합니다. 그러면 다른 포트에서 아두이노가 받아들이는 센서 값이 우리 몸에 흐르는 전류로 인해 커지게 됩니다. 이 때 몸이 건조하면 상대적으로 센서 값이 작아지며, 수분이 많으면 센서 값이 커집니다. 현재 조건의 기준을 100으로 정했지만, 아날로그 신호 값은 사람마다 다를 수 있습니다. 이 값은 추후에 작품을 실행해본 뒤 수정해줘야 합니다.

09 '호랑이' 오브젝트를 눌러 아래와 같은 코드를 추가로 작성합니다. 만약 아날로그 4번 센서 값이 100보다 크다면 0.2초 동안 호랑이의 x좌표 값 +5, y좌표 값 +70 위치로 이동해서 0.1초 동안 방향을 −45°만큼 회전한 뒤 x좌표를 50만큼 바꾸고, 다시 0.1초 동안 방향을 45°만큼 회전한 뒤 0.2초 동안 호랑이의 x좌표 값 +30, y좌표 값 −70 위치로 이동합니다. 이로 인해 호랑이가 마치 점프하는 것처럼 보일 수 있습니다.

```
시작하기 버튼을 클릭했을 때
계속 반복하기
    만일  아날로그 4▼ 번 센서값  >  100  이라면
        0.2 초 동안 x:  호랑이▼ 의 x좌푯값  + 5   y:  호랑이▼ 의 y좌푯값  + 70   위치로 이동하기
        0.1 초 동안 방향을 -45° 만큼 회전하기
        x 좌표를 50 만큼 바꾸기
        0.1 초 동안 방향을 45° 만큼 회전하기
        0.2 초 동안 x:  호랑이▼ 의 x좌푯값  + 30  y:  호랑이▼ 의 y좌푯값  - 70   위치로 이동하기
```

TIP

현재 조건의 기준을 100으로 정했지만 아날로그 신호 값은 사람마다 다를 수 있습니다. 이 값은 추후에 작품을 실행해본 뒤 수정해야 합니다. [□초 동안 방향을 □만큼 회전하기] 블록은 오브젝트의 방향을 입력한 시간에 걸쳐 입력한 각도만큼 시계방향으로 회전합니다. 오브젝트의 중심점을 기준으로 회전합니다.

10 '호랑이' 오브젝트를 눌러 아래와 같은 코드를 추가로 작성합니다. 만약 아날로그 5번 센서 값이 100보다 크다면 '호랑이 울음소리'를 재생하기, '포효' 신호를 보내기, 색깔 효과를 10만큼 준 뒤 3초 후 효과를 모두 지웁니다. 이로 인해 호랑이가 장애물을 피할 때 포효를 사용할 수 있으며, 3초의 대기시간은 호랑이의 색깔이 변하는 것으로 알 수 있습니다.

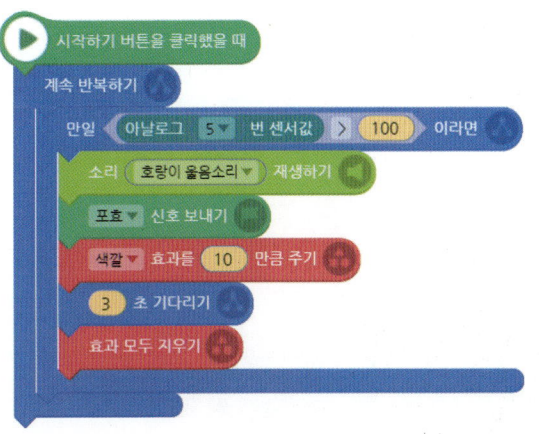

[색깔 효과를 □만큼 주기] 블록을 이용하여 버튼을 누르면 오브젝트에서 소리뿐만 아니라 색깔효과도 나타나도록 할 수 있습니다. 색깔은 0~100까지 설정할 수 있으며 각 숫자마다 다른 색을 나타냅니다. 색깔 이외에도 밝기, 투명도 효과도 설정할 수 있습니다. [효과 모두 지우기] 블록은 색깔, 밝기, 투명도 효과를 다시 원래대로 돌아오게 할 수 있습니다. [□ 신호 보내기] 블록은 목록에 선택된 신호를 보냅니다.

11 '포효' 오브젝트를 눌러 아래와 같은 코드를 추가로 작성합니다. 만약 포효 신호를 받았다면 호랑이의 x좌표 값 +70, y좌표 값 위치로 이동한 뒤 0.3초 동안 x: 50, y: 0 만큼 움직이고 다시 x: -500으로 돌아갑니다. 이로 인해 호랑이가 포효하는 모습을 표현할 수 있습니다.

[□ 신호를 받았을 때] 블록은 해당 신호를 받으면 연결된 블록들을 실행합니다.

12 '폭탄' 오브젝트를 누르고→[소리]탭→[소리추가]→'폭탄 폭발' 검색→마우스 왼쪽 버튼으로 대상 클릭→적용하기로 소리를 추가합니다.

TIP
엔트리 오브젝트에는 기본적으로 소리가 추가되어 있지 않습니다. 따라서 각각의 오브젝트마다 필요한 소리를 추가해야만 그 소리에 관한 블록을 사용할 수 있습니다. 또한 엔트리에 있는 기본 소리 이외의 다른 소리를 추가하고 싶다면 업로드하여 사용할 수도 있습니다.

13 '폭탄' 오브젝트를 눌러 아래와 같은 코드를 작성합니다. 시작하기 버튼을 클릭했을 때 초시계를 시작합니다. 그리고 계속 x좌표를 -3만큼씩 바꿉니다. 그러다 만약 왼쪽 벽에 닿게 되면 x: 500, y: -110부터 70 사이의 무작위 수 위치로 이동한 뒤 1부터 3 사이의 무작위 수 초를 기다립니다. 만약 포효에 닿게 되면 x좌표를 50만큼 바꿉니다. 이렇게 되면 '폭탄' 오브젝트가 실행화면 왼쪽으로 계속 이동하다가 왼쪽 벽에 닿으면 다시 오른쪽 실행화면 밖에서 생성되고 만약 포효에 닿게 되면 오른쪽으로 밀리게 됩니다. 만일 '폭탄' 오브젝트가 호랑이에 닿게 되면 폭탄이 터지는 모양으로 변하며 '폭탄 폭발' 소리가 납니다. 또한 초시계가 멈추고 모든 코드가 멈춰 게임이 정지하게 됩니다.

TIP
[□ 부터 □ 사이의 무작위 수] 블록은 입력한 두 수 사이에 있는 무작위 수를 선택합니다.

14 '뱀' 오브젝트를 누르고→[소리]탭→[소리 추가]→'남자 비명', '놀라는소리' 검색→마우스 왼쪽 버튼으로 대상 클릭→적용하기로 소리를 추가합니다.

15 '뱀' 오브젝트를 눌러 아래와 같은 코드를 작성합니다. 시작하기 버튼을 클릭하면 계속 x좌표를 −5만큼씩 바꿉니다. 그러다 만약 왼쪽 벽에 닿거나 포효에 닿으면 x: 500, y: −110부터 70 사이의 무작위 수 위치로 이동한 뒤 1부터 3 사이의 무작위 수 초를 기다립니다. 만약 호랑이에 닿게 되면 '놀라는소리'가 재생되고 '생명' 변수가 −1만큼 더해진 후 x: 500, y: −110부터 70 사이의 무작위 수 위치로 이동한 뒤 1부터 3 사이의 무작위 수 초를 기다립니다. 이렇게 되면 '뱀' 오브젝트가 실행화면 왼쪽으로 계속 이동하다가 왼쪽 벽이나 포효에 닿게 되면 다시 오른쪽 실행화면 밖에서 생성되고, 만약 호랑이에 닿게 되면 '놀라는소리'가 나고 생명이 −1이 된 후 오른쪽 실행화면 밖에서 생성됩니다.

16 '뱀' 오브젝트를 눌러 아래와 같은 코드를 추가로 작성하고 작품을 저장합니다. '뱀' 오브젝트의 모양이 0.1초를 간격으로 계속 다음 모양으로 바뀌어 마치 달리고 있는 것처럼 보이게 합니다. 만일 '생명' 변수 값이 0이 되면 '남자 비명' 소리가 납니다. 또한 초시계가 멈추고 모든 코드가 멈춰 게임이 정지하게 됩니다.

STEP 03 | 작품 실행하기

01 실행화면 아래에 있는 [시작하기]를 클릭합니다. BODY에 연결된 알루미늄 테이프를 손가락에 감은 채 게임 패드로 호랑이를 조종하면서 장애물을 피해봅시다.

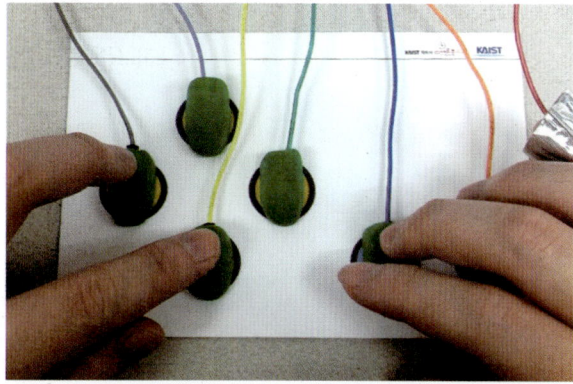

★ 완성코드 3 ★

폭탄

```
시작하기 버튼을 클릭했을 때
초시계 시작하기
계속 반복하기
    x 좌표를 -3 만큼 바꾸기
    만일 왼쪽 벽 에 닿았는가? 이라면
        x: 500 y: -110 부터 70 사이의 무작위 수 위치로 이동하기
        1 부터 3 사이의 무작위 수 초 기다리기
    만일 포효 에 닿았는가? 이라면
        x 좌표를 50 만큼 바꾸기
```

```
시작하기 버튼을 클릭했을 때
계속 반복하기
    만일 호랑이 에 닿았는가? 이라면
        폭탄_터진 모양으로 바꾸기
        소리 폭탄 폭발 재생하기
        초시계 정지하기
        모든 코드 멈추기
```

포효

```
포효 신호를 받았을 때
x: 호랑이 의 x좌푯값 + 70 y: 호랑이 의 y좌푯값 위치로 이동하기
0.3 초 동안 x: 50 y: 0 만큼 움직이기
x: -500 위치로 이동하기
```

호랑이

```
▶ 시작하기 버튼을 클릭했을 때
디지털 3▼ 번 핀 켜기
계속 반복하기
    만일 아날로그 0▼ 번 센서값 > 100 이라면
        x 좌표를 -5 만큼 바꾸기
    만일 아날로그 1▼ 번 센서값 > 100 이라면
        y 좌표를 5 만큼 바꾸기
    만일 아날로그 2▼ 번 센서값 > 100 이라면
        x 좌표를 5 만큼 바꾸기
    만일 아날로그 3▼ 번 센서값 > 100 이라면
        y 좌표를 -5 만큼 바꾸기
```

```
▶ 시작하기 버튼을 클릭했을 때
계속 반복하기
    만일 아날로그 4▼ 번 센서값 > 100 이라면
        0.2 초 동안 x: 호랑이▼ 의 x좌푯값 + 5 y: 호랑이▼ 의 y좌푯값 + 70 위치로 이동하기
        0.1 초 동안 방향을 -45° 만큼 회전하기
        x 좌표를 50 만큼 바꾸기
        0.1 초 동안 방향을 45° 만큼 회전하기
        0.2 초 동안 x: 호랑이▼ 의 x좌푯값 + 30 y: 호랑이▼ 의 y좌푯값 - 70 위치로 이동하기
```

```
▶ 시작하기 버튼을 클릭했을 때
계속 반복하기
    만일 아날로그 5▼ 번 센서값 > 100 이라면
        소리 호랑이 울음소리▼ 재생하기
        포효▼ 신호 보내기
        색깔▼ 효과를 10 만큼 주기
        3 초 기다리기
        효과 모두 지우기
```

CHAPTER 03 :: 말랑말랑 게임패드

활동 보고하기

주제	말랑말랑 게임 패드	차시	3차시
		단계	확장

학습목표	1. 배경이 흐르는 것처럼 코딩할 수 있다. 2. 호랑이가 내가 원하는 방향으로 움직이도록 코딩할 수 있다. 3. 장애물 오브젝트가 무작위로 생겨나도록 코딩할 수 있다.		
학년, 반, 번호	( )학년 ( )반 ( )번	이름	

★ 생각열기 ★

이번 장에서 배운 내용을 활용하여 어떤 게임을 만들 수 있을지 친구들과 이야기해 봅시다.

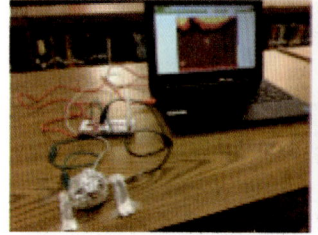

활동 보고하기

학년, 반, 번호	(　)학년 (　)반 (　)번	이름	

★정리하기★

호랑이 오브젝트의 코드에서 아래 빨간색 네모 안과 파란색 네모 안의 숫자를 변경시키면 어떻게 될지 이야기해봅시다. 또한 실제로 블록을 수정한 후에 작품을 실행시켜 봅시다.

```
시작하기 버튼을 클릭했을 때
계속 반복하기
    만일 (아날로그 4번 센서값 > 100) 이라면
        0.2 초 동안 x: (호랑이의 x좌푯값) + 5  y: (호랑이의 y좌푯값) + 70  위치로 이동하기
        0.1 초 동안 방향을 -45° 만큼 회전하기
        x 좌표를 50 만큼 바꾸기
        0.1 초 동안 방향을 45° 만큼 회전하기
        0.2 초 동안 x: (호랑이의 x좌푯값) + 30  y: (호랑이의 y좌푯값) - 70  위치로 이동하기
```

CHAPTER 03 :: 말랑말랑 게임패드   79

04. E-센서보드 만나기
05. 로켓을 조종해 보자!
06. 떴다~떴다~열기구!
07. 아기 박쥐를 재워주세요!
08. 나를 반겨주는 바둑이
09. 삼겹살 파티
10. 계기판을 만들어 보자!
11. 요술 색연필
12. 미니 스캐너 만들기

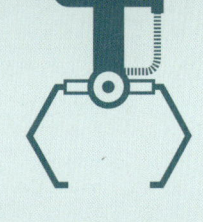

PART
02

E-센서보드

E-센서보드는 다양한 디지털과 아날로그 센서를 통해 누구나 쉽게 소프트웨어의 원리를 접할 수 있는 최적의 피지컬 컴퓨팅 도구입니다.

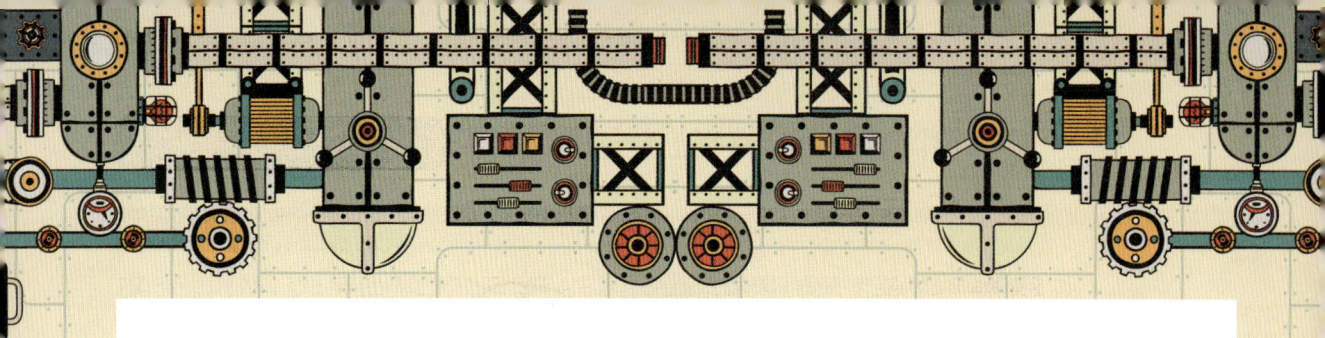

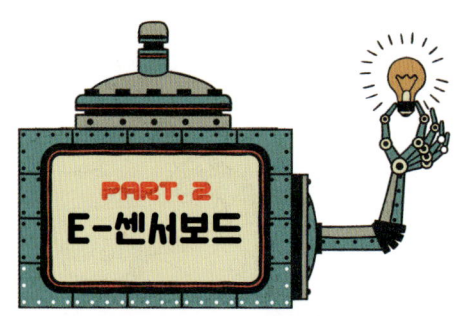

Chapter 04

E-센서보드 만나기

URL: http://goo.gl/VKQGYq

E-센서보드를 컴퓨터와 유선연결하고
엔트리 작품을 불러와 살펴볼까요?

준비하기

● 준비물 살펴보기 ●

사진	용도	수량
	구글 크롬 브라우저	1
	엔트리 연결프로그램	1
	E – 센서보드	1
	아두이노 UNO 보드	1
	USB 케이블(A–B)	1
	점퍼 케이블(F/F, 10cm 또는 20cm)	6
	온도 센서	1
	거리 센서	1
	벨크로(흰색 또는 검정색 사각, 보슬이)	1

CHAPTER 04 :: E–센서보드 만나기

STEP 01 | E–센서보드를 USB로 컴퓨터에 연결하기

01 센서보드는 아두이노를 기반으로 작동하는 아두이노 쉴드입니다. 아두이노 쉴드는 아두이노 보드 위에 쌓아 올려 성능을 확장시키기 위한 하드웨어를 말합니다.

02 벨크로(사각, 보실이)를 아두이노 바닥에 붙여줍니다. 아두이노의 바닥 아랫부분의 중앙에 있는 핀에 손이 닿아 단선이 되는 것을 방지하기 위해 아랫부분이 충분히 가려지도록 붙여야 합니다.

03 센서보드의 핀을 아두이노 보드 위에 사진처럼 빨간색 쪽부터 맞춰 끼웁니다.

04 컴퓨터에 USB 케이블을 꽂고 반대편은 센서보드의 아래 부분을 손으로 잡아 센서가 가려지지 않은 상태에서 아두이노와 연결합니다.

> **TIP**
> 센서보드의 윗부분을 가린 채 아두이노와 컴퓨터를 연결하면 소리 센서, 빛 센서의 초기 값 설정에 오류가 생깁니다. 나중에 센서보드를 이용하다가 센서 오류가 생길 시에는 마찬가지로 케이블을 뺐다가 다시 끼워주거나, 아두이노에 있는 빨간색 동그란 버튼을 3초 동안 눌러주면 리셋이 되어 초기 값으로 돌아옵니다.

05 점퍼 케이블(F/F)을 이용해 센서보드 하단에 있는 확장포트 2군데에 온도 센서와 거리 센서를 연결합니다. 센서보드의 확장포트에 있는 흰색 점과 센서에 있는 흰색 점이 같은 방향을 향하도록 연결합니다.

TIP

좌측 하단은 아날로그 5번, 우측 하단은 아날로그 3번을 이용하게 됩니다. 거리 센서와 온도 센서를 센서보드에 있는 자 그림, 온도계 그림과 일치하게 연결할 필요는 없으며, 아무 곳에 연결해도 사용 가능합니다.

STEP 02 | 엔트리 가입하기

01 구글 크롬에서 http://playentry.org/를 입력하여 엔트리 사이트에 접속합니다.

TIP

엔트리는 크롬으로 접속해야만 하드웨어 연결을 이용할 수 있습니다.

02 자신이 만든 작품을 저장하기 위해서는 회원가입을 해야 합니다.

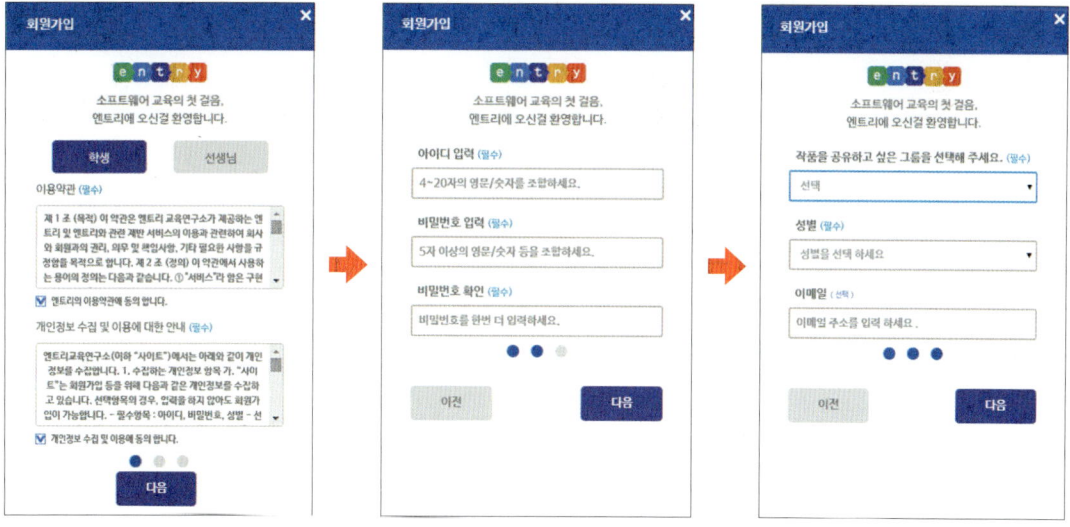

STEP 03 | E-센서보드를 엔트리 하드웨어 프로그램으로 유선연결하기

01 화면 상단 메뉴에서 [만들기]→[작품 만들기]로 들어갑니다.

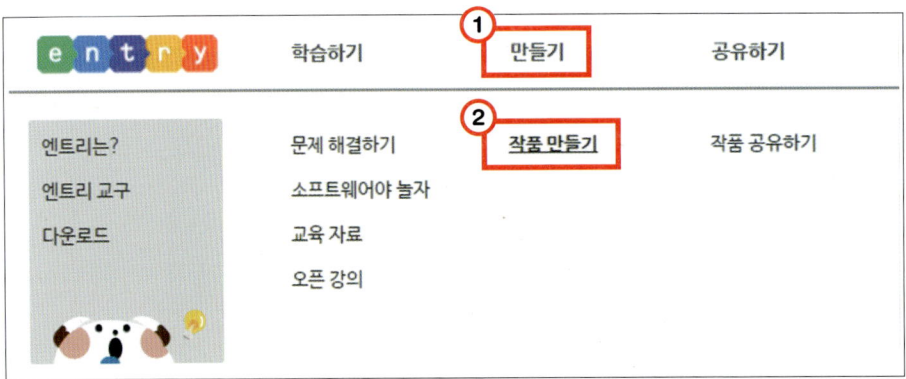

02 블록 꾸러미 카테고리에서 [하드웨어] 선택→[연결 프로그램 다운로드]를 클릭합니다.

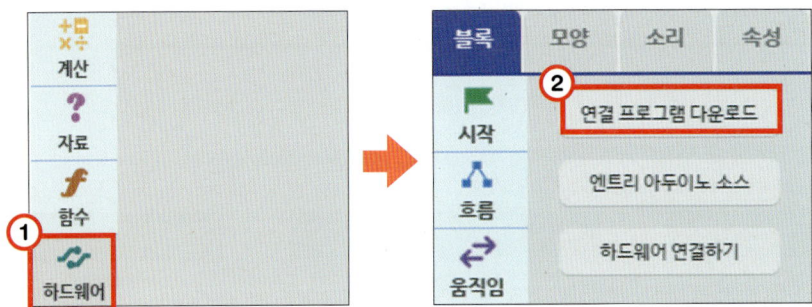

03 다운로드가 완료되면 크롬 브라우저 왼쪽 아래의 Entry_HW.exe를 클릭하여 설치합니다.

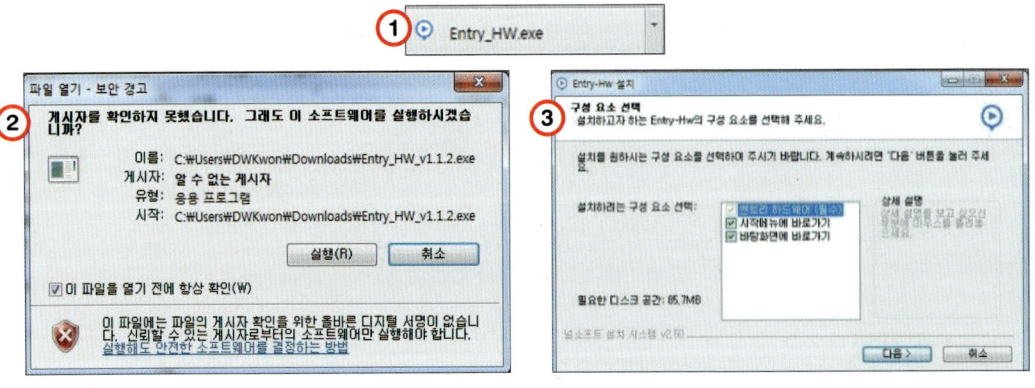

04 엔트리 하드웨어 프로그램을 실행합니다. 관리자 권한으로 실행할 것을 권장합니다.

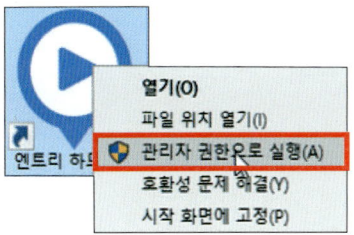

05 엔트리 하드웨어 연결프로그램을 실행한 후 [E-센서 보드(유선연결)]을 선택합니다.

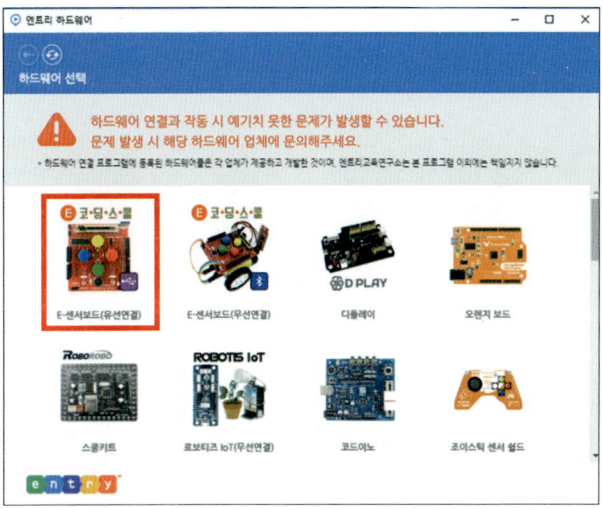

06 [아두이노 호환보드 드라이버]를 누릅니다. 이 드라이버는 아두이노 UNO 호환보드의 드라이버입니다.

07 [INSTALL] 버튼을 누르고 기다리면 "Driver install success!"라는 메시지를 볼 수 있습니다. "확인"을 누른 후, DriverSetup(X64) 창을 끕니다.

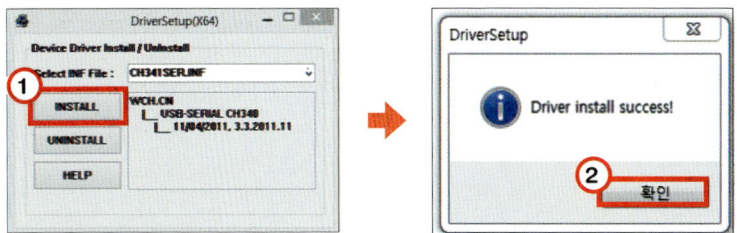

08 '펌웨어를 선택해 주세요'라는 문구가 뜨면 [센서/확장보드 유선 펌웨어]를 누르고 설치가 완료될 때까지 기다립니다.

TIP

업로드할 때에 아두이노 프로그램은 켜져 있으면 안 됩니다. 아두이노의 마이크로 컨트롤러에 센서보드를 작동하기 위한 명령을 넣는 과정입니다. 마이크로 컨트롤러는 사람으로 치면 '뇌'와 같은 부분으로 장치, 통신, 프로세서 제어 등 여러 가지로 기기를 제어할 수 있습니다. 마이크로 컨트롤러에 한 번 명령을 넣으면 새로운 명령을 넣어주기 전까지 계속 기억하고 동작하므로 펌웨어 설치 후 재설치하지 않아도 됩니다.

09 연결프로그램 창 상단에 '연결 성공'과 '펌웨어가 업로드 되었습니다'라는 메시지가 뜹니다.

> **TIP**
> 연결프로그램은 센서보드를 연결하는 동안 그대로 켜 두어야 합니다. 창을 끄지 마세요. 만약 '연결 성공'이 뜨지 않는 다면 센서보드의 USB를 다른 곳에 꽂아보거나 드라이버 설치에서 [UNINSTALL]를 하고 다시 [INSTALL]를 누릅니다.

10 엔트리 창을 켜고, 블록꾸러미의 [하드웨어] 카테고리에서 [하드웨어 연결하기]를 누릅니다.

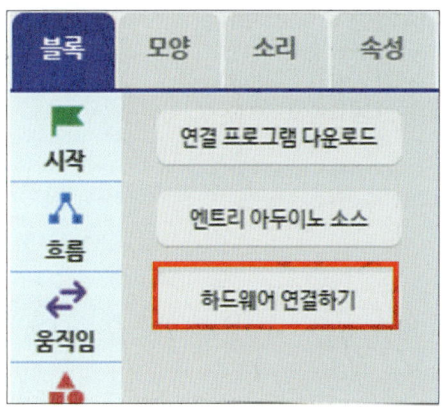

11 엔트리와 센서보드가 연결되고, 관련 블록들이 생겨났습니다.

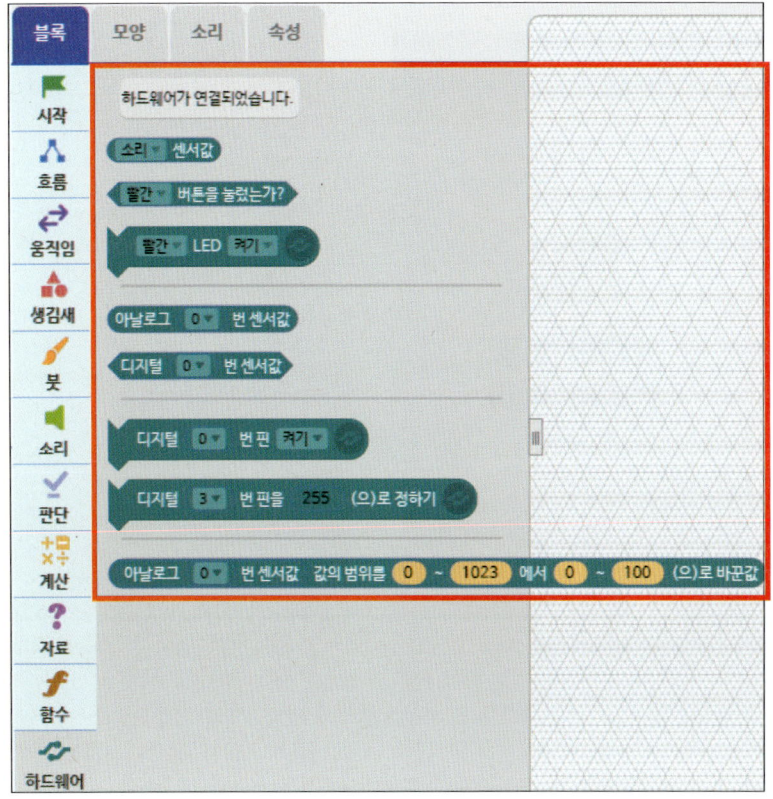

STEP 01 | 'E-센서보드 만나기' 작품 불러오기

01 온라인일 경우 엔트리 홈페이지 상단의 [공유하기→작품 공유하기]를 누르거나 엔트리 작품 만들기 화면 상단에서 [온라인 작품 불러오기]를 누릅니다.

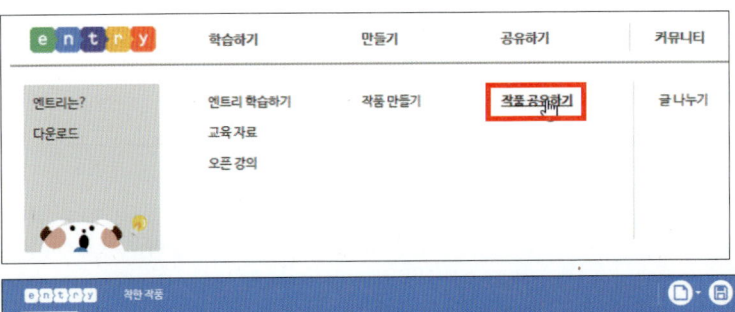

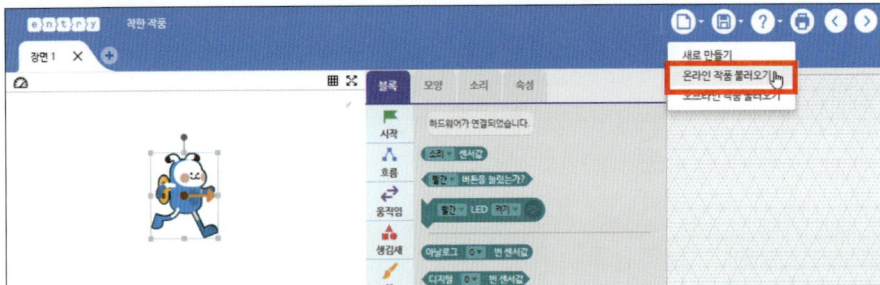

02 검색창에 'E-센서보드 만나기'를 검색합니다.

03 아래와 같이 공개된 프로젝트가 보이면 이미지 부분이나 코드보기를 클릭합니다.

 이미지를 누르면 작품 실행하기만 가능하며, 코드보기를 누르면 코드를 수정할 수 있는 창으로 넘어갑니다.

04 이미지의 가운데 있는 플레이 버튼이나 작품 만들기 창에 있는 시작하기 버튼을 눌러 프로젝트를 시작합니다.

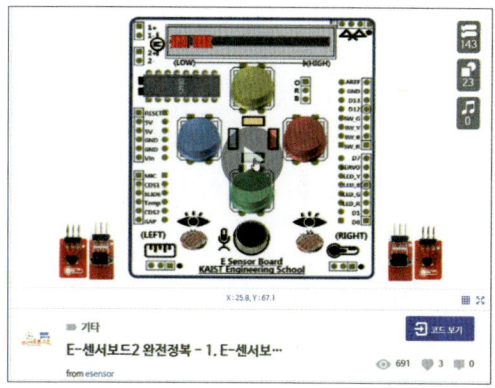 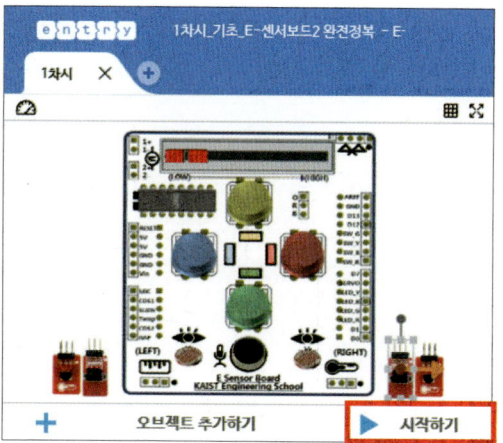

05 오프라인일 경우에는 작품을 불러오기 위해 우측 상단의 [오프라인 작품 불러오기]를 누릅니다.

06 센서보드 작품 불러오기→'1~2차시_기초_E-센서보드2 만나기(유선연결)'를 열어줍니다.

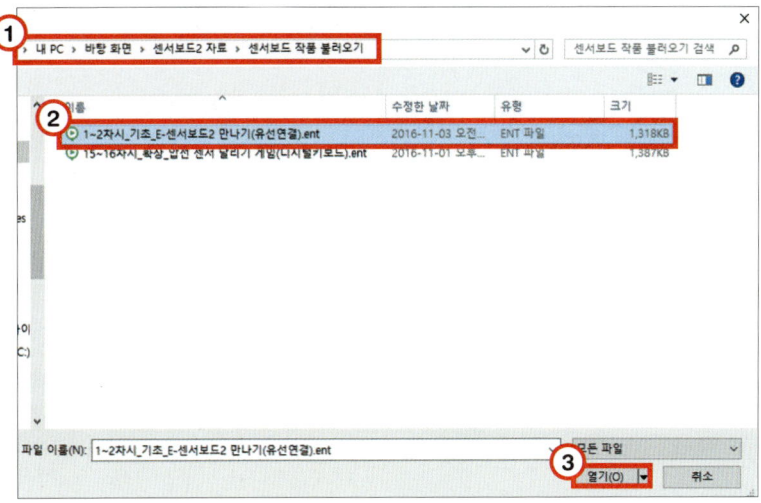

STEP 02 | 작품을 통해 E-센서보드에 있는 센서에 대해 알아보기

01 각 센서를 확인해보겠습니다. 먼저 빨간 버튼을 눌러봅시다. 화면 속에서 빨간 버튼 위에 "눌렀다"라는 메시지가 뜹니다. 다른 버튼도 눌러 확인해봅시다.

"버튼을 눌러주세요"

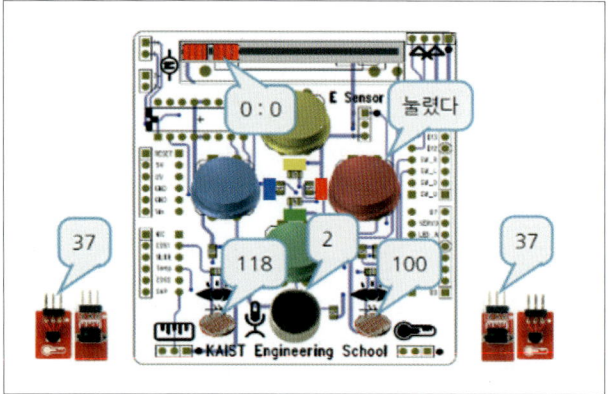

02 이번에는 빛 감지 센서를 확인해보겠습니다. 손으로 가리지 않았을 때는 어떤 값이 보이나요? 밝을수록 빛 감지 센서 입력 값은 작습니다. 손으로 빛 감지 센서를 가려봅시다. 어떤 값이 보이나요? 어두울수록 빛 감지 센서 입력 값은 커집니다.

"손으로 가렸다가 떼었다가를 반복하며 빛 감지 센서 값을 살펴보세요"

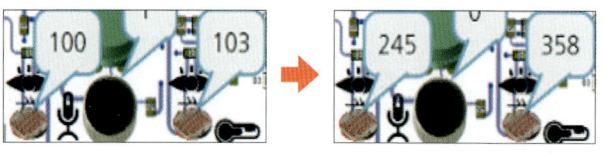

03 다음은 소리 센서를 확인해보겠습니다. 가만히 있을 때엔 어느 값이 보이나요? 왜 0이 아닌 다른 숫자가 보일까요? 마이크에 직접 대고 말하지 않아도 현재 주변의 소음을 측정해내고 있기 때문입니다. 이번에는 마이크에 바람을 불어볼까요? 어떤 값이 보이나요? 값이 커지죠?

"소리 센서에 약하거나 강하게 바람을
불어 변화를 살펴봅시다"

04 온도 센서를 확인해보겠습니다. 우리가 평소 접하는 온도가 보이지 않습니다. 왜 그럴까요? 온도 센서에서 받아들이는 전기신호를 그대로 보여주고 있기 때문입니다. 이것을 우리가 평소에 사용하는 섭씨 온도로 바꾸려면 그에 맞는 방정식을 엔트리로 코딩하고 화면에 바꾸어 표시되게 하면 됩니다. 섭씨 온도로 바꾸는 코딩은 뒤쪽에서 살펴보겠습니다.

"온도 센서에 따뜻한 입김을 불어
온도 변화를 살펴보세요"

05 거리 센서는 어떤가요? 가까우면 값이 작아지고 멀면 값이 커집니다. 또한 흰색에 가까울수록 값이 작아지며, 검은색에 가까울수록 값이 커집니다. 이는 거리 센서의 발광부에서 나간 빛이 흰색에는 잘 반사되고, 검은색에는 잘 흡수되기 때문입니다.

"거리 센서에 멀리서부터
손을 점점 가까이에 가져가 보고,
흰색 종이와 검은색 종이에도
가져가 변화를 살펴보세요"

06 다음은 슬라이더를 살펴봅시다. 슬라이더가 위쪽에 위치하도록 센서보드를 놓고, 슬라이드 스위치를 좌우로 움직여보세요. 화면에서 어떤 변화가 보이나요? 스위치의 실제 위치와 화면에서의 위치가 일치할 겁니다. 숫자는 어떻게 변하나요? 오른쪽으로 갈수록 값이 커지죠?

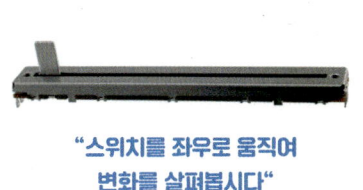

"스위치를 좌우로 움직여 변화를 살펴봅시다"

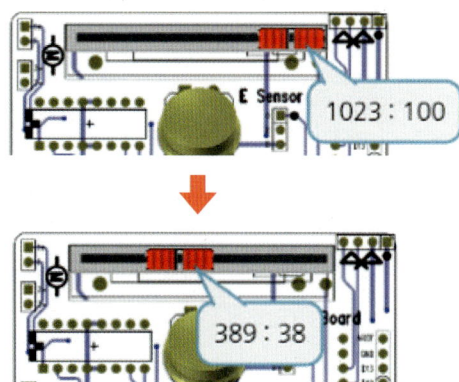

07 그럼 :의 왼쪽과 오른쪽에 있는 값은 무슨 차이가 있는 걸까요? 오른쪽 슬라이더의 값이 389라면, 왼쪽 슬라이더의 값은 38로 보입니다. 왜 그럴까요? 왼쪽에 있는 숫자는 슬라이더 센서 값을 0~1023까지 그대로 말하고 있고, 오른쪽은 기존 센서 값의 범위를 0에서 100으로 바꾸어 보이도록 했기 때문입니다. 이처럼 아날로그 센서를 이용한다면 범위 값을 바꾸어 코딩할 수도 있습니다.

08 센서보드의 디지털 출력장치인 LED를 보겠습니다. 화면 속 4가지 색의 LED를 클릭하면서 실제 센서보드 위에서 어떤 변화가 일어나는지 살펴봅시다. 화면과 같은 LED가 빛을 내며 켜지는 것을 볼 수 있습니다.

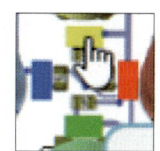

"작품 이미지 중앙에 있는 사각형들을 눌러 보세요"

활동 보고하기

주제	E-센서보드 만나기	차시	4차시
		단계	기초
학습목표	1. 엔트리와 E-센서보드를 유선 연결할 수 있다. 2. 작품 공유하기에서 'E-센서보드 만나기' 작품을 불러올 수 있다. 3. 작품을 통해 E-센서보드에 있는 센서에 대해 알 수 있다.		
학년, 반, 번호	( )학년 ( )반 ( )번	이름	

★생각열기★

1. E-센서보드에서 어떤 종류의 센서를 사용할 수 있는지 관찰해볼까요?

2. E-센서보드에서는 다양한 센서를 사용할 수 있습니다. 그럼 이 센서들이 동작하는 과정을 생각하며 [보기]에서 알맞은 말을 찾아 빈 칸에 채워봅시다.

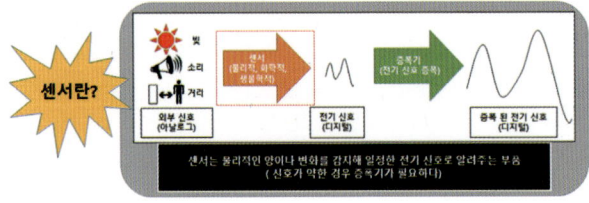

[보기]
- 센서가 감지한 것(아날로그 신호)을 숫자(디지털 신호)로 변환한다.
- 컴퓨터가 숫자(디지털 신호)를 전달받는다.
- 엔트리를 통해 화면에 나타난다.

센서를 만져본다.
(누르기, 불기, 가리기)

활동 보고하기

학년, 반, 번호	( )학년 ( )반 ( )번	이름	

★정리하기★

1. E-센서보드에는 어떤 센서가 있는지 정리해 봅시다.

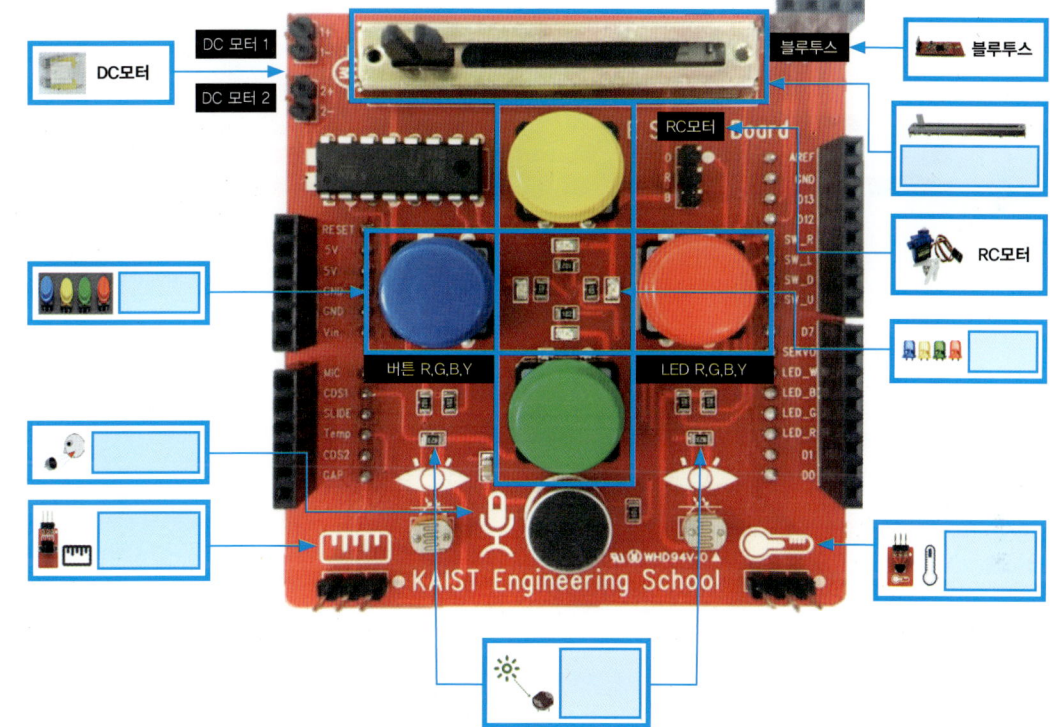

2. 센서를 사용하여 어떤 활동을 할 수 있을지 생각해 봅시다.

CHAPTER 04 :: E-센서보드 만나기

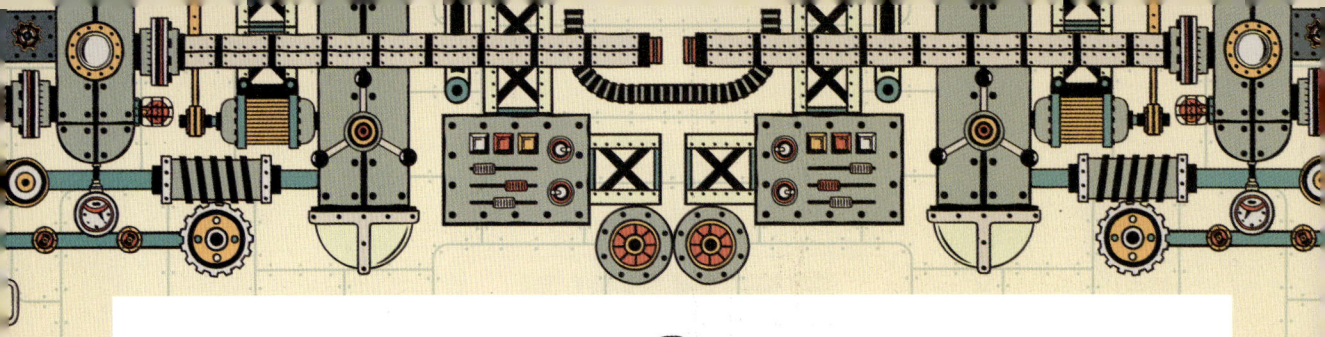

Chapter 05

로켓을 조종해 보자!

URL: http://goo.gl/z5sZgR

E-센서보드의 버튼을 이용하여
로켓을 상하좌우로 움직여볼까요?

준비하기

● 준비물 살펴보기 ●

사진	용도	수량
	구글 크롬 브라우저	1
	엔트리 연결프로그램	1
	E – 센서보드	1
	아두이노 UNO 보드	1
	USB 케이블(A-B)	1

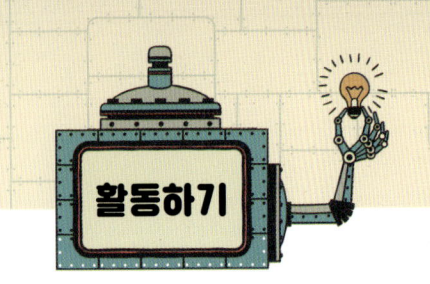

STEP 01 | 버튼으로 로켓을 움직일 수 있도록 코딩하기

01 [오브젝트 추가하기]→'로켓', '별 헤는 밤' 검색→마우스 왼쪽 버튼으로 대상 클릭→적용하기로 실행화면에 '로켓'과 '별 헤는 밤' 오브젝트를 추가합니다.

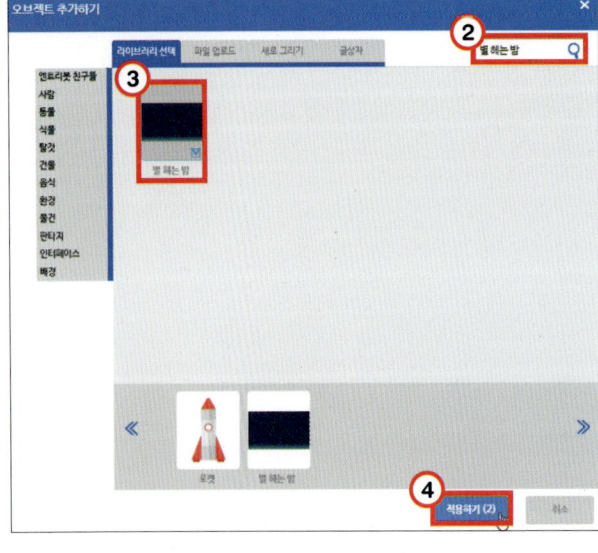

> **TIP**
> 엔트리에서는 오브젝트 목록 창의 맨 위에 있는 오브젝트가 실행화면 맨 앞에 오게 되므로 오브젝트가 놓이는 순서가 중요합니다. 만약 '로켓' 오브젝트 대신 '별 헤는 밤' 오브젝트가 맨 위에 있다면 '로켓' 오브젝트는 가려지게 됩니다. 오브젝트의 순서는 마우스 왼쪽 버튼으로 드래그하여 변경할 수 있습니다.

02 '로켓' 오브젝트를 눌러 아래와 같이 코드를 작성하고 작품을 저장합니다. E-센서보드를 정면으로 봤을 때 빨간 버튼이 +X, 파란 버튼이 -X, 노란 버튼이 +Y, 초록 버튼이 -Y가 되므로 '이동' 블록을 아래와 같이 이용했습니다.

TIP

[계속 반복하기] 블록이 없다면 작품 [시작하기]를 처음 눌렀을 때 1번만 버튼을 눌렀는지 확인하게 됩니다. 때문에 [시작하기]를 눌렀을 때 버튼이 눌러져 있어야만 한 번 움직이게 되고, 그 이후에는 움직이지 않습니다. 따라서 [계속 반복하기] 블록을 사용해야만 지속적으로 버튼을 눌렀는지 안 눌렀는지 인식할 수 있고, 오브젝트를 계속 움직일 수 있게 됩니다. 또한 [만일 ▭이라면] 블록이 서로 독립적으로 붙어있지 않고 다른 블록 안으로 들어가 버리면 다른 버튼이 먼저 눌러져 있어야한다는 선행조건이 생겨버리게 됩니다. 예를 들어 왼쪽으로 이동하기 위해서 파란 버튼을 누를 때 빨간 버튼이 눌려있는 상황이어야 한다는 조건이 생기게 됩니다.

STEP 02 | 작품 실행하기

01 실행화면 아래에 있는 [시작하기]를 클릭합니다. E-센서보드의 버튼으로 '로켓' 오브젝트를 상하좌우로 이동시켜봅시다.

★ 완성코드 ★

자율미션 ❶

STEP 01 | '로켓'이 이동하는 쪽을 바라보도록 코드 수정하기

01 자율 미션을 해결하기 위해 만들었던 작품의 실행화면 상단에 있는 탭을 마우스 우클릭→복제하기로 추가해주고 제목을 '자율 미션1'로 변경해줍니다.

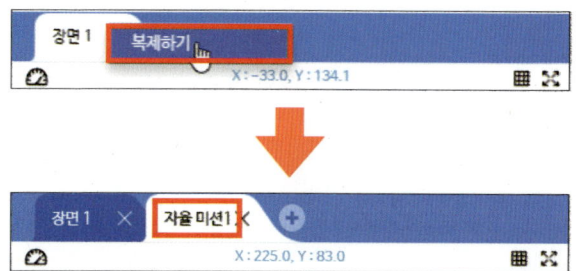

 TIP 복제하기로 탭을 추가하면 기존 작품의 오브젝트와 코드 등이 모두 복사됩니다. +모양을 눌러 탭을 추가할 경우에는 아무것도 없는 새로운 탭이 추가됩니다. 이 상태로 [저장하기]를 누르면 한 개의 파일에 여러 개의 작품이 포함되어 저장이 됩니다.

02 힌트를 통해 미션을 해결해 봅시다. [방향을 ▢으로 정하기] 블록을 추가하여 '로켓' 오브젝트가 이동하는 방향을 바라보도록 만들 수 있습니다. 자율 미션이므로 정해진 답은 없으며 다양한 방법이 존재할 수 있습니다.

'로켓'이 이동하는 쪽을 바라보도록 코드 수정하기

자율미션 ❶ 예시 답안

'로켓' 오브젝트의 기존 코드를 수정

(시작하기 버튼을 클릭했을 때)
- 계속 반복하기
  - 만일 [빨간] 버튼을 눌렀는가? 이라면
    - x 좌표를 5 만큼 바꾸기
    - **방향을 90° (으)로 정하기**
  - 만일 [파란] 버튼을 눌렀는가? 이라면
    - x 좌표를 -5 만큼 바꾸기
    - **방향을 270° (으)로 정하기**
  - 만일 [노랑] 버튼을 눌렀는가? 이라면
    - y 좌표를 5 만큼 바꾸기
    - **방향을 0° (으)로 정하기**
  - 만일 [초록] 버튼을 눌렀는가? 이라면
    - y 좌표를 -5 만큼 바꾸기
    - **방향을 180° (으)로 정하기**

자율미션 ❷

STEP 01 │ '로켓'이 화면 밖으로 나갈 경우 반대편에서 나타나도록 코드 수정하기

01 자율 미션을 해결하기 위해 '자율 미션1' 작품의 실행화면 상단에 있는 탭을 마우스 우클릭→ 복제하기로 추가해주고 제목을 '자율 미션2'로 변경해줍니다.

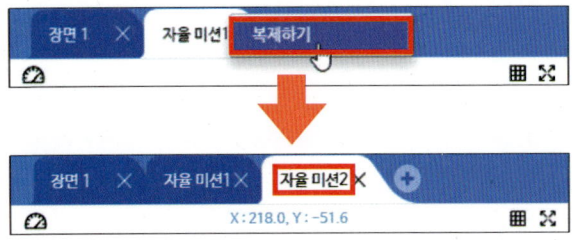

02 힌트를 통해 미션을 해결해 봅시다. [x: □ 위치로 이동하기], [y: □ 위치로 이동하기] 블록을 이용해 '로켓' 오브젝트가 화면 밖으로 나가면 반대 방향으로 나타나는 자연스러운 상황을 만들 수 있습니다. [□의 x, y 좌푯값] 블록은 선택한 오브젝트의 x좌표, y좌표의 정보를 나타냅니다. '로켓' 오브젝트의 좌표를 확인하여 [만약 □이라면] 블록과 조합하면 됩니다. 엔트리 실행화면은 x축(가로), y축(세로)좌표로 이루어져 있습니다. 화면의 중심을 (0, 0)으로 하여, x축 방향으로 -240~240, y축 방향으로 -135~135로 구성되어 있습니다. 오브젝트들의 위치는 각 오브젝트가 가지고 있는 중심점의 좌표로 오브젝트 목록에서 그 정보를 확인할 수 있으며, 현재 마우스 포인터가 가리키고 있는 좌표는 실행화면 상단에서 확인할 수 있습니다.

'로켓' 이 화면 밖으로 나갈 경우 반대편에서 나타나도록 코드 수정하기

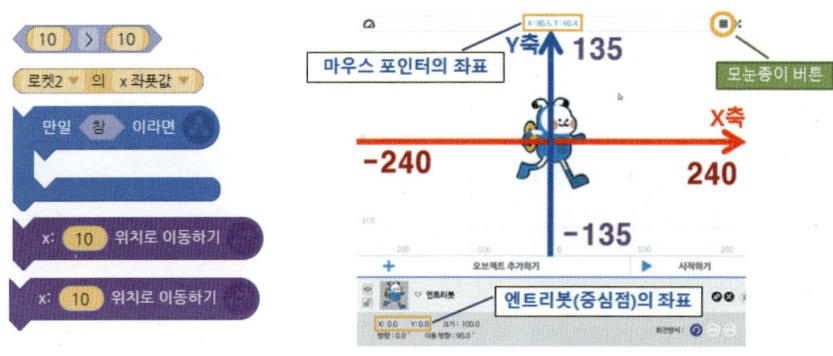

자율미션 ❷ 예시 답안

'로켓' 오브젝트의 기존 코드를 수정

활동 보고하기

주제	로켓을 조종해 보자!(버튼)	차시	5차시
		단계	기초
학습목표	1. 버튼을 눌러 오브젝트를 이동시킬 수 있다. 2. 자율 미션 ❶을 통해 오브젝트가 이동하는 쪽을 바라보도록 코드를 수정할 수 있다. 3. 자율 미션 ❷를 통해 오브젝트가 화면 밖으로 나갈 경우 반대편에서 나타나도록 코드를 수정할 수 있다.		
학년, 반, 번호	( )학년 ( )반 ( )번	이름	

★ 생각열기 ★

1. 로켓을 조종하기 위해서는 무엇이 필요할까요?

2. E-센서보드에서는 다양한 센서를 사용할 수 있습니다. 그럼 이 센서들이 동작하는 과정을 생각하며 [보기]에서 알맞은 말을 찾아 빈 칸에 채워봅시다.

- 무엇으로 조종할까?
- 조종한 대로 움직이게 하려면?
- 조종하려는 대상은?

3. E-센서보드에 있는 버튼을 눌러 엔트리 '로켓'을 움직이도록 하는 과정을 생각하며 [보기]에 알맞은 말을 찾아 빈 칸에 채워봅시다.

[보기]
- 컴퓨터가 상태 값을 전달받는다.
- 상태 값에 따라 오브젝트가 이동한다.
- 버튼의 상태가 0→1로 바뀐다. (디지털)

버튼을 손으로 누른다. (아날로그)

⬇

⬇

⬇

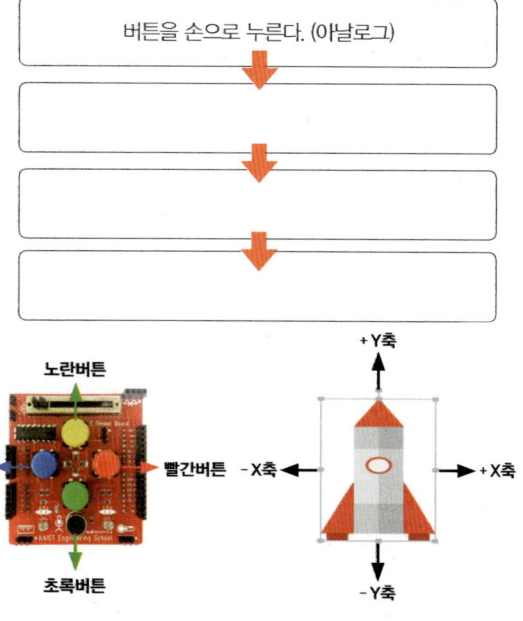

활동 보고하기

학년, 반, 번호	( )학년 ( )반 ( )번	이름	

★정리하기★

1. [계속 반복하기] 블록이 없다면 어떻게 될지 적어봅시다.

2. [만일 □ 이라면] 블록 안에 [만일 □ 이라면] 블록이 들어가게 된다면 어떻게 될지 적어봅시다.

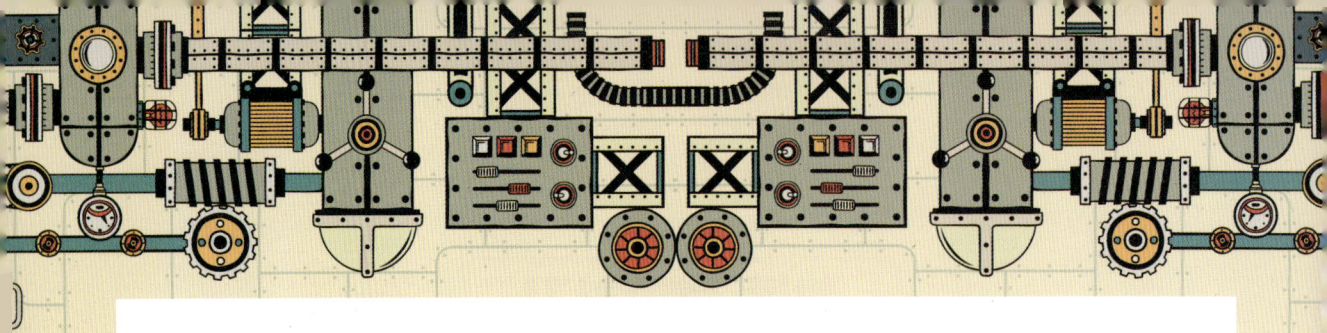

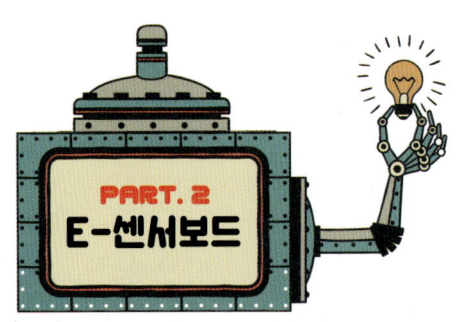

PART. 2
E-센서보드

Chapter 06

떴다~떴다~열기구!

URL: https://goo.gl/BXdgy1

E-센서보드의 소리 센서를 이용하여
열기구를 띄워볼까요?

준비하기

● 준비물 살펴보기 ●

사진	용도	수량
	구글 크롬 브라우저	1
	엔트리 연결프로그램	1
	E-센서보드	1
	아두이노 UNO 보드	1
	USB 케이블(A-B)	1

STEP 01 | 소리 센서에 바람을 불면 열기구가 위로 뜰 수 있도록 코딩하기

01 [오브젝트 추가하기]→'열기구', '구름 세상' 검색→마우스 왼쪽 버튼으로 대상 클릭→적용하기로 실행화면에 '열기구'과 '구름 세상' 오브젝트를 추가합니다.

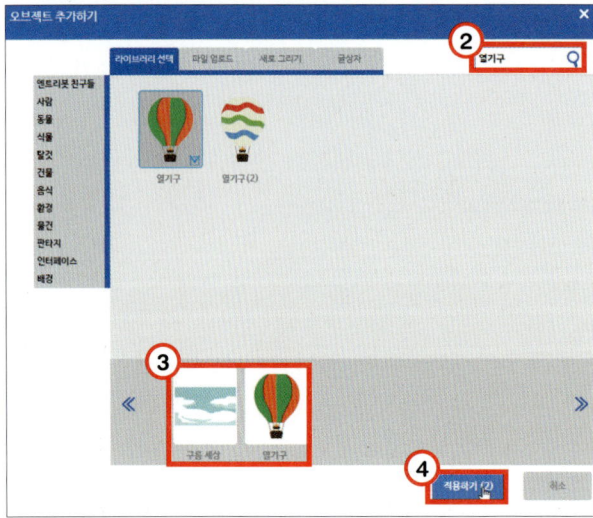

TIP
엔트리에서는 오브젝트 목록 창의 맨 위에 있는 오브젝트가 실행화면 맨 앞에 오게 되므로 오브젝트가 놓이는 순서가 중요합니다. 오브젝트의 순서는 마우스 왼쪽 버튼으로 드래그하여 변경할 수 있습니다.

02 '열기구' 오브젝트를 누르고→[모양]탭→'열기구(1)_1' 마우스 오른쪽 클릭하고 복제→[모양추가]→'불(1)_1' 검색→마우스 왼쪽 버튼으로 대상 클릭→적용하기로 모양을 추가합니다.

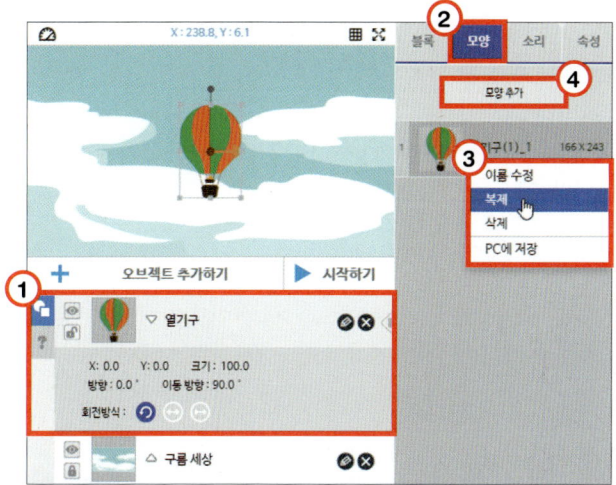

 TIP 엔트리에서는 오브젝트에 있는 기본적인 모양 이외에도 새로운 모양을 추가할 수 있습니다.

03 '불(1)_1' 모양을 누르고→편집→복사하기→'열기구(1)_2' 모양을 누르고 붙이기→상하 뒤집기를 이용해 →적용하기로 모양을 추가합니다.

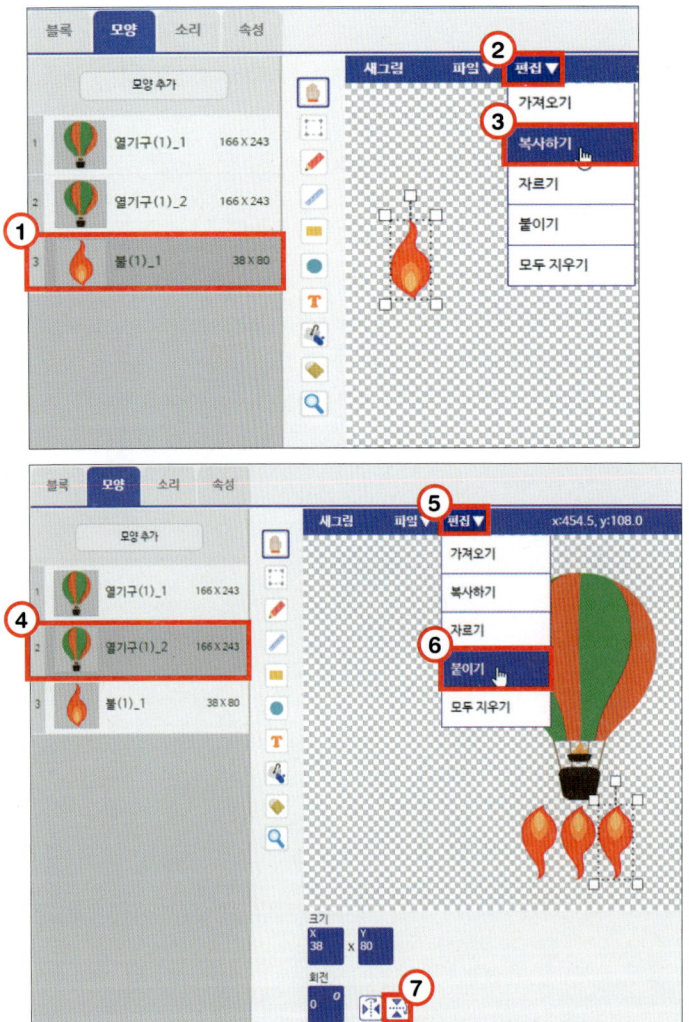

04 '열기구(1)_2' 모양을 저장하고 '열기구' 오브젝트의 기본 모양을 '열기구(1)_1'로 바꿔줍니다.

TIP

오브젝트의 모양이 여러 개라면 모양[탭]에서 선택되어 있는 모양이 기본적으로 보이게 됩니다.

05 '열기구' 오브젝트를 눌러 아래와 같이 코드를 작성합니다. 시작하기 버튼을 클릭했을 때 y좌표를 아날로그 0번(소리 센서) 센서 값으로 정합니다. 아날로그 0번(소리 센서) 센서 값의 범위는 0~1023이지만 입으로 바람을 불어서는 센서 값이 300을 넘기가 힘듭니다. 때문에 범위를 -2~20으로 축소해서 바람을 불지 않아 센서 값이 낮을 때는 '열기구' 오브젝트가 내려가고 바람을 불어 센서 값이 높아지면 최대 20만큼 올라갈 수 있도록 했습니다. 그리고 모양 바꾸기 블록을 통해 열기구가 y좌표가 0보다 작을 때에는 불을 분사하지 않지만, 0보다 클 때에는 불을 분사하는 것처럼 만들었습니다.

06 '열기구' 오브젝트를 눌러 아래와 같이 코드를 추가로 작성하고 작품을 저장합니다. 시작하기 버튼을 클릭했을 때 초시계를 시작하며, 만약 아래쪽 벽에 닿았다면 초시계가 정지하면서 모든 코드가 멈추게 됩니다. 이를 통해 누가 더 오랫동안 '열기구' 오브젝트를 떠있게 했었는지 시합할 수 있습니다.

STEP 02 | 작품 실행하기

01 실행화면 아래에 있는 [시작하기]를 클릭합니다. E-센서보드의 소리 센서로 '열기구' 오브젝트를 바닥에 닿지 않게 띄워봅시다.

★ 완성코드 ★

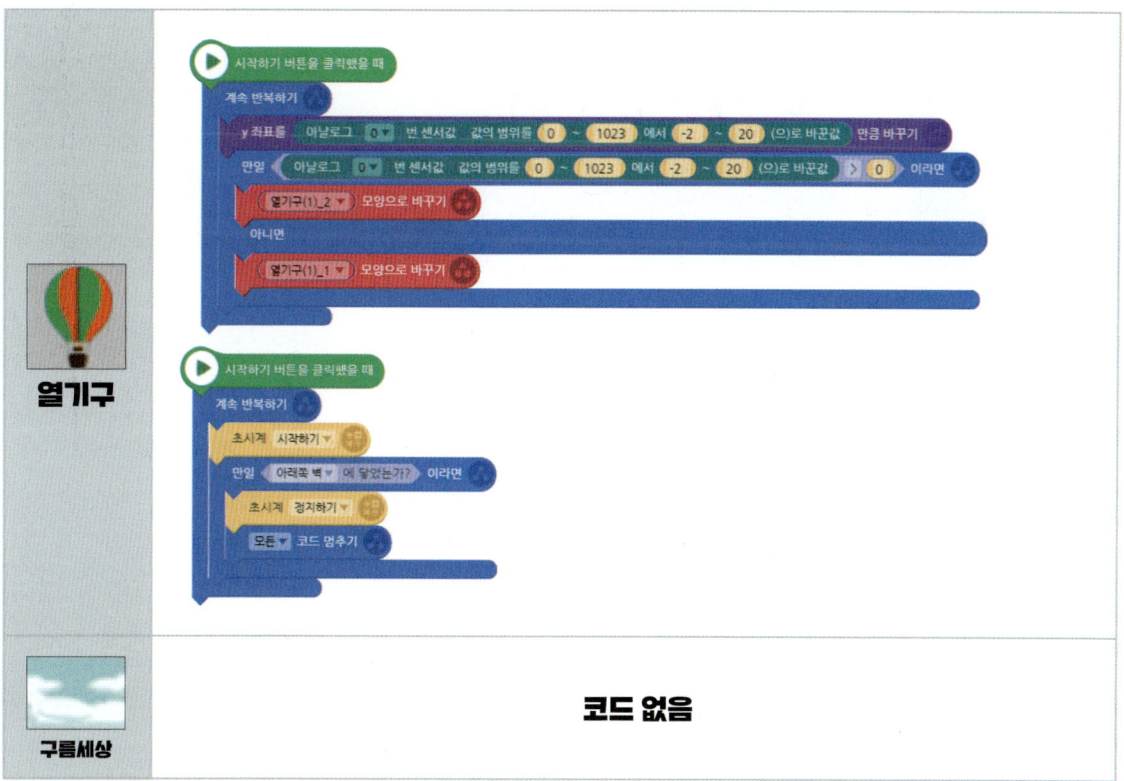

자율미션

STEP 01 | 열기구가 바닥에 닿으면 '폭탄_터진' 모양과 '폭탄 폭발' 소리가 나도록 코드 수정하기

01 자율 미션을 해결하기 위해 만들었던 작품의 실행화면 상단에 있는 탭을 마우스 우클릭→복제하기로 추가해주고 제목을 '자율 미션1'로 변경해줍니다.

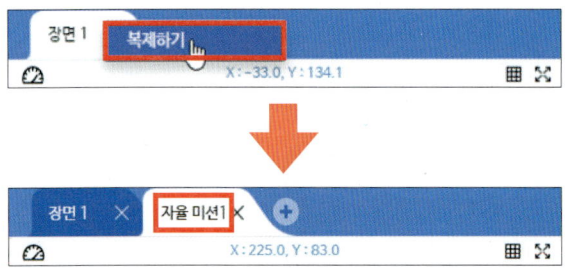

TIP

복제하기로 탭을 추가하면 오브젝트와 코드 등이 모두 복사됩니다. +모양을 눌러 탭을 추가할 경우에는 아무것도 없는 새로운 탭이 추가됩니다. 이 상태로 [저장하기]를 누르면 한 개의 파일에 여러 개의 작품이 포함되어 저장이 됩니다.

02 힌트를 통해 미션을 해결해 봅시다. 만약 열기구가 아래쪽 벽에 닿았다면 초시계가 정지할 뿐만 아니라 열기구가 '폭탄_터진' 모양으로 바뀌면서 '폭탄 폭발' 소리를 재생할 수 있도록 만들어 줍니다.

열기구가 바닥에 닿으면 '폭탄_터진' 모양으로 바뀌면서 '폭탄 폭발' 소리가 나도록 코드 수정하기

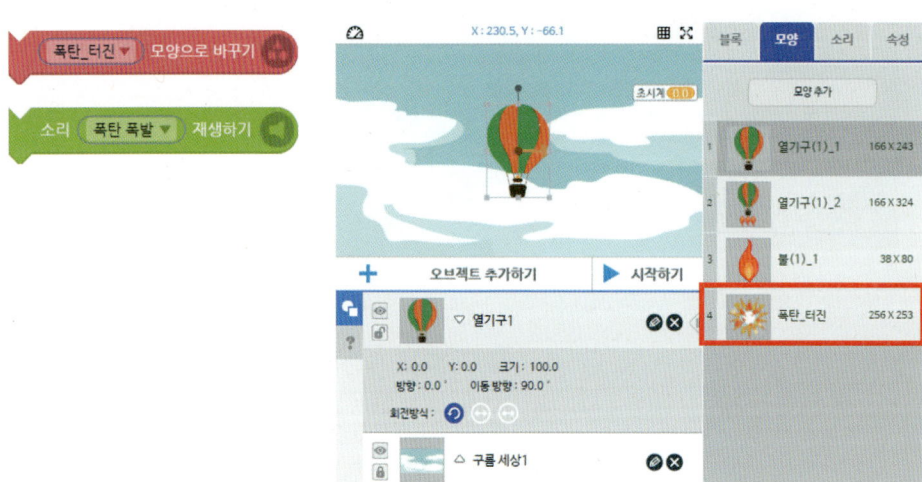

자율미션 예시 답안

✓ '열기구' 오브젝트의 기존 코드를 수정

```
시작하기 버튼을 클릭했을 때
계속 반복하기
    초시계 시작하기
    만일 아래쪽 벽 에 닿았는가? 이라면
        초시계 정지하기
        소리 폭탄 폭발 재생하기
        폭탄_터진 모양으로 바꾸기
        모든 코드 멈추기
```

활동 보고하기

주제	떴다~떴다~열기구!(소리)	차시	6차시
		단계	기초

학습목표	1. 오브젝트를 편집해 새로운 오브젝트로 저장할 수 있다. 2. 소리 센서에 바람을 불면 열기구가 뜨게 할 수 있다. 3. 초시계 블록을 이용할 수 있다.

학년, 반, 번호	( )학년 ( )반 ( )번	이름	

★ 생각열기 ★

1. 열기구의 구조에 대해 알아봅시다.

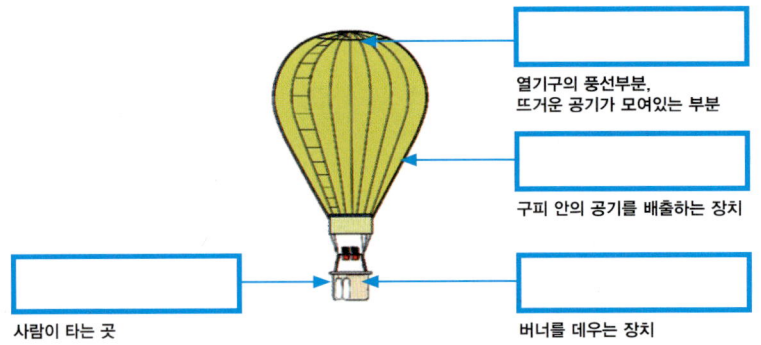

열기구의 풍선부분.
뜨거운 공기가 모여있는 부분

구피 안의 공기를 배출하는 장치

사람이 타는 곳

버너를 데우는 장치

2. 열기구가 비행을 멈추고 다시 땅으로 내려오게 하는 방법에는 어떤 것이 있을까요?

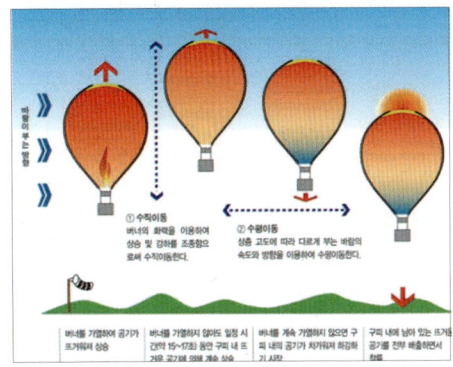

활동 보고하기

학년, 반, 번호	( )학년 ( )반 ( )번	이름	

★정리하기★

1. '열기구' 오브젝트의 코드를 다음과 같이 변경했을 때의 차이점을 생각해보고, 실제로 블록을 바꿔 작품을 실행시켜 봅시다.

2. 우리가 만든 열기구가 실행화면 아래쪽뿐만 아니라 위쪽에 닿을 때도 게임이 정지하도록 만들려면 코드를 어떻게 수정해야 할까요?

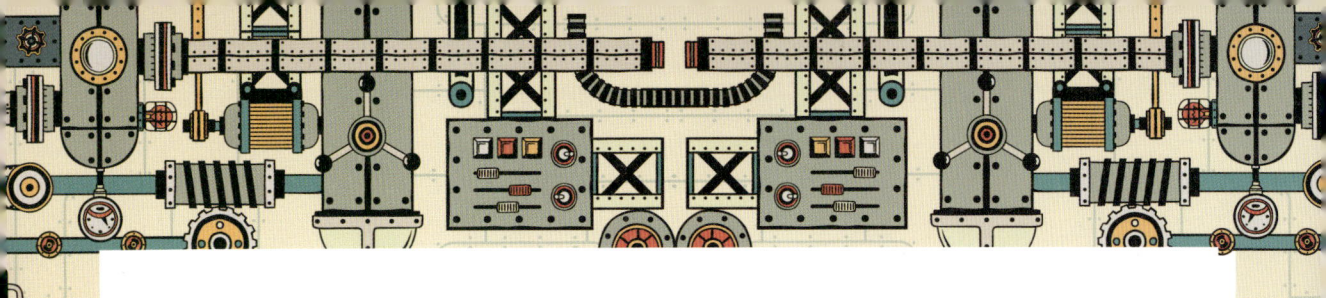

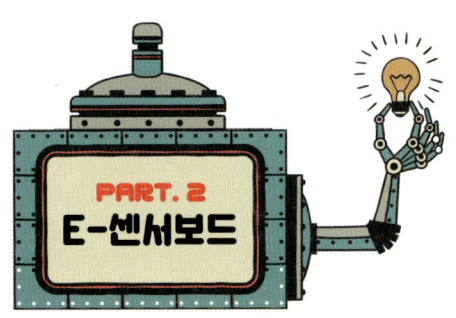

Chapter 07

아기 박쥐를 재워주세요!

URL: http://goo.gl/FsILYN

E-센서보드의 빛 센서를 이용하여 잠 못 드는 아기 박쥐를 재워볼까요?

준비하기

● 준비물 살펴보기 ●

사진	용도	수량
	구글 크롬 브라우저	1
	엔트리 연결프로그램	1
	E-센서보드	1
	아두이노 UNO 보드	1
	USB 케이블(A-B)	1

STEP 01 | 빛 센서를 이용해 아기 박쥐를 재울 수 있도록 코딩하기

01 [오브젝트 추가하기]를 눌러 '박쥐(2)', '전등', '동굴 속' 오브젝트를 추가합니다.

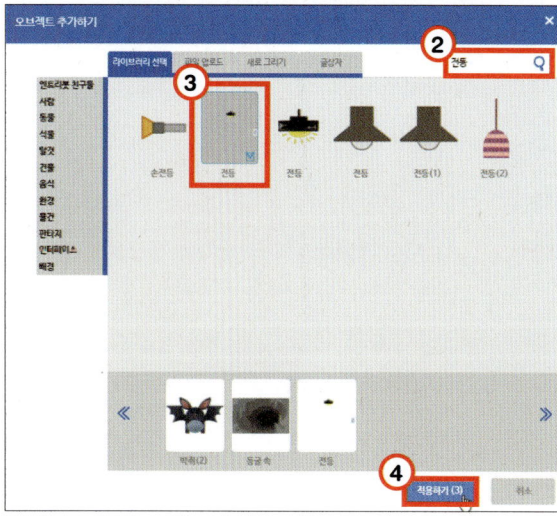

02 '박쥐(2)' 오브젝트를 누르고→[소리]탭→[소리추가]→'아기 울음소리1', '코 고는 소리' 검색→
마우스 왼쪽 버튼으로 대상 클릭→적용하기로 소리를 추가합니다.

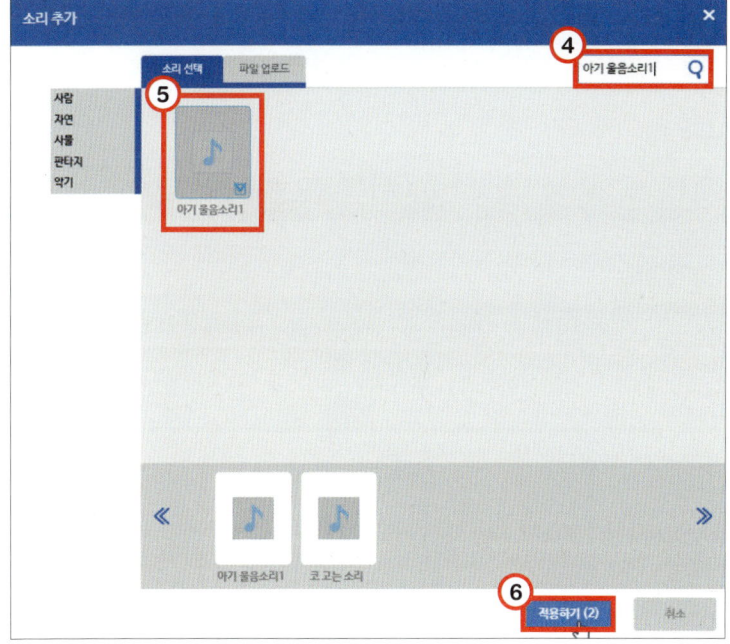

TIP

엔트리 오브젝트에는 기본적으로 소리가 추가되어 있지 않습니다. 따라서 각각의 오브젝트마다 필요한 소리를 추가해야만 그 소리에 관한 블록을 사용할 수 있습니다. 또한 엔트리에 있는 기본 소리 이외의 다른 소리를 추가하고 싶다면 업로드하여 사용할 수도 있습니다.

03 '박쥐(2)' 오브젝트를 눌러 아래와 같은 코드를 작성합니다. '박쥐(2)' 오브젝트의 모양이 0.3초를 간격으로 계속 다음 모양으로 바뀌어 마치 날고 있는 것처럼 보이게 합니다. E-센서보드의 왼쪽에 있는 빛 센서는 아날로그 1번, 오른쪽에 있는 빛 센서는 아날로그 4번과 연결되어 있습니다. 빛 센서는 100을 기준으로 밝아지면 값이 낮아지고 어두워지면 값이 증가합니다. 만약 양쪽에 있는 빛 센서를 모두 어둡게 만들어 센서 값이 130보다 커지면 '박쥐(2)' 오브젝트가 사라지면서 코 고는 소리가 들립니다. 그렇지 않을 경우에는 오브젝트가 나타나며 아기 울음소리가 들립니다.

TIP

엔트리에서는 부등호를 동시에 2개 이상 쓸 수 없습니다. 따라서 [□ 그리고 □] 블록이나 [□ 또는 □] 블록을 이용하여 연결해줘야 합니다. 코드를 2그룹으로 나눈 이유는 박쥐가 천천히 나는 것처럼 보이기 위해 사용한 [0.3초 기다리기] 블록이 실시간으로 센서 값을 읽어야 하는 코드에 영향을 주기 때문입니다. [0.3초 기다리기] 블록이 있으면 센서가 0.3초를 간격을 두고 센서 값을 읽어 들이기 때문에 외부 반응에 즉각적으로 반응하지 못하게 됩니다. [소리 □ 재생하고 기다리기] 블록은 해당 오브젝트가 선택한 소리를 재생하고, 소리 재생이 끝나면 다음 블록을 실행합니다. 만약 이 블록 대신 [소리 □ 재생하기] 블록을 쓴다면 [□ 초 기다리기] 블록과 함께 써야 합니다. 그렇지 않고 [소리 □ 재생하기] 블록만 쓰게 된다면 [계속 반복하기] 블록으로 인해 소리가 계속 겹쳐서 재생됩니다. 하지만 [소리 □ 재생하고 기다리기] 블록으로 인해 실시간으로 센서 값을 읽지는 못하고 소리 재생이 끝난 후에야 다시 센서 값을 불러오는 딜레이가 발생하게 됩니다.

04 '전등' 오브젝트를 눌러 아래와 같은 코드를 작성하고 작품을 저장합니다. E-센서보드의 왼쪽에 있는 빛 센서는 아날로그 1번, 오른쪽에 있는 빛 센서는 아날로그 4번과 연결되어 있습니다. 빛 센서는 100을 기준으로 밝아지면 값이 낮아지고 어두워지면 값이 증가합니다. 만약 양쪽에 있는 빛 센서를 모두 어둡게 만들어 센서 값이 130보다 커지면 '전등' 오브젝트의 모양이 '전등_꺼짐'으로 바뀝니다. 그렇지 않을 경우에는 오브젝트의 모양이 '전등_켜짐'으로 바뀝니다.

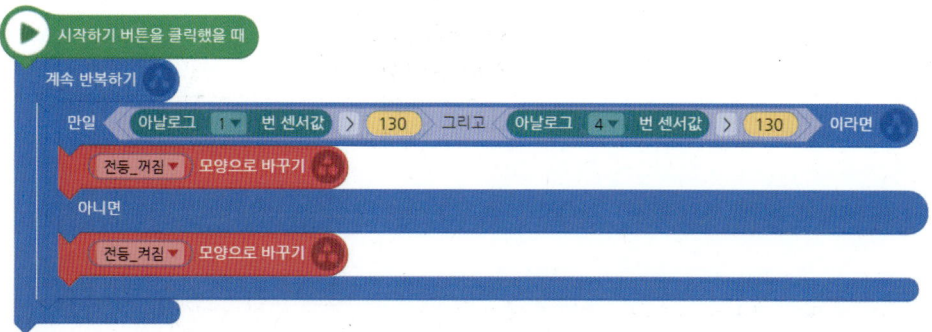

- 실행화면 아래에 있는 [시작하기]를 클릭합니다. E-센서보드의 빛 센서를 이용해 아기 박쥐를 재워봅시다.

★ 완성코드 ★

박쥐	시작하기 버튼을 클릭했을 때 계속 반복하기 　다음 모양으로 바꾸기 　0.3 초 기다리기 시작하기 버튼을 클릭했을 때 계속 반복하기 　만일 아날로그 1번 센서값 > 130 그리고 아날로그 4번 센서값 > 130 이라면 　　모양 숨기기 　　소리 코 고는 소리 재생하고 기다리기 　아니면 　　모양 보이기 　　소리 아기 울음소리1 재생하고 기다리기
전등	시작하기 버튼을 클릭했을 때 계속 반복하기 　만일 아날로그 1번 센서값 > 130 그리고 아날로그 4번 센서값 > 130 이라면 　　전등_꺼짐 모양으로 바꾸기 　　빨간 LED 끄기 　　초록 LED 끄기 　　파란 LED 끄기 　　노랑 LED 끄기 　아니면 　　전등_켜짐 모양으로 바꾸기 　　빨간 LED 켜기 　　초록 LED 켜기 　　파란 LED 켜기 　　노랑 LED 켜기
동굴 속	코드 없음

자율미션

STEP 01 | 전등이 켜져 있을 때는 4개의 LED가 켜져 있고, 전등이 꺼져 있을 때는 4개의 LED가 꺼지도록 코드 수정하기

01 자율 미션을 해결하기 위해 만들었던 작품의 실행화면 상단에 있는 탭을 마우스 우클릭→복제하기로 추가해주고 제목을 '자율 미션1'로 변경해줍니다.

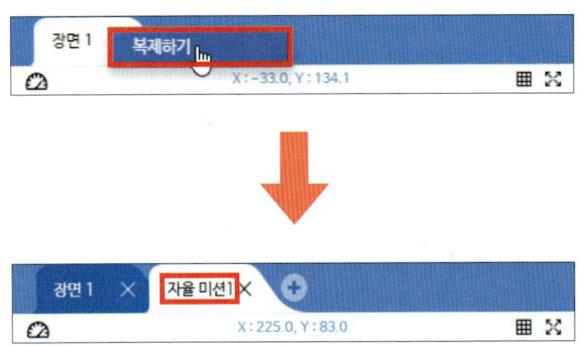

 TIP
복제하기로 탭을 추가하면 기존 작품의 오브젝트와 코드 등이 모두 복사됩니다. +모양을 눌러 탭을 추가할 경우에는 아무것도 없는 새로운 탭이 추가됩니다. 이 상태로 [저장하기]를 누르면 한 개의 파일에 여러 개의 작품이 포함되어 저장이 됩니다.

02 힌트를 통해 미션을 해결해 봅시다. 양쪽에 있는 빛 센서를 모두 어둡게 만들어 센서 값이 130보다 커지면 '전등' 오브젝트의 모양이 '전등_꺼짐'으로 바뀌며 E-센서보드의 LED는 모두 꺼지게 됩니다. 그렇지 않을 경우에는 오브젝트의 모양은 '전등_켜짐'으로 바뀌며 E-센서보드의 LED는 모두 켜지게 됩니다.

전등이 켜져 있을 때는 4개의 LED가 켜져 있고, 전등이 꺼져있을 때는 4개의 LED가 꺼지도록 코드 수정하기

 TIP
'박쥐(2)' 오브젝트에 코드를 추가해도 되지만 [소리 ☐ 재생하고 기다리기] 블록으로 인해 LED가 조금 늦게 켜지고 꺼지기 때문에 '전등' 오브젝트에 코드를 추가했습니다.

자율미션 예시 답안

'전등' 오브젝트의 기존 코드를 수정

활동 보고하기

주제	아기 박쥐를 재워주세요!(빛 센서)	차시	7차시
		단계	기초
학습목표	1. 빛 센서를 이용해 박쥐의 모양을 숨기거나 나타나게 할 수 있다. 2. 빛 센서를 이용해 소리를 재생시키거나 끌 수 있다. 3. 빛 센서를 이용해 전등의 모양을 바꿀 수 있다.		
학년, 반, 번호	( )학년 ( )반 ( )번	이름	

★생각열기★

1. 박쥐는 어떤 동물일까요?

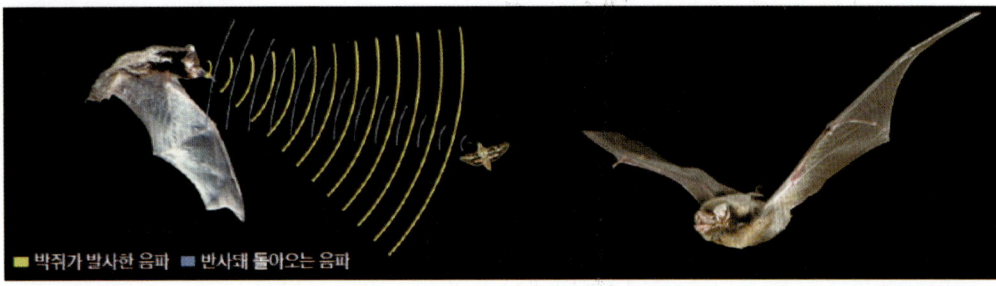

박쥐는 포유류 중 유일하게 하늘을 날아다닐 수 있는 동물입니다. 생김새는 쥐와 비슷하고 앞발에서 뒷발과 꼬리 사이에 막이 있어 그것으로 날아다닐 수 있습니다. 몸은 털로 덮여 있고, 눈은 작고 발달되지 않았으나 귓바퀴가 발달하였습니다. 낮에는 동굴 속이나 나뭇가지에 거꾸로 매달려 있다가 날이 어두워지면 날아다니며 파리, 모기, 나방 등 곤충 따위를 잡아먹습니다. 박쥐는 어두운 밤에도 잘 날아다니는데, 그것은 사람이 들을 수 없는 초음파를 장애물이나 먹이에 보내어 되울려 오는 것을 느낌으로써 알아내기 때문입니다.

2. 박쥐처럼 주로 밤에만 활동하는 동물은 누가 있을까요?

활동 보고하기

학년, 반, 번호	( )학년 ( )반 ( )번	이름	

★정리하기★

1. 아날로그 1번 센서와 아날로그 4번 센서 중에 한 개의 센서 값만 130보다 크다면 '전등_꺼짐' 모양으로 바뀔 수 있도록 빈 칸 안에 알맞은 말을 골라봅시다.

    ① 그리고   ② 또는   ③ 모두

2. 아날로그 1번 센서 값은 200보다 크고, 아날로그 4번 센서 값은 120보다 작을 때 '전등_꺼짐' 모양으로 바뀔 수 있게 빈 칸에 알맞은 기호를 순서대로 골라봅시다.

    ① 〈, 〈   ② 〈, 〉   ③ 〉, 〉   ④ 〉, 〈

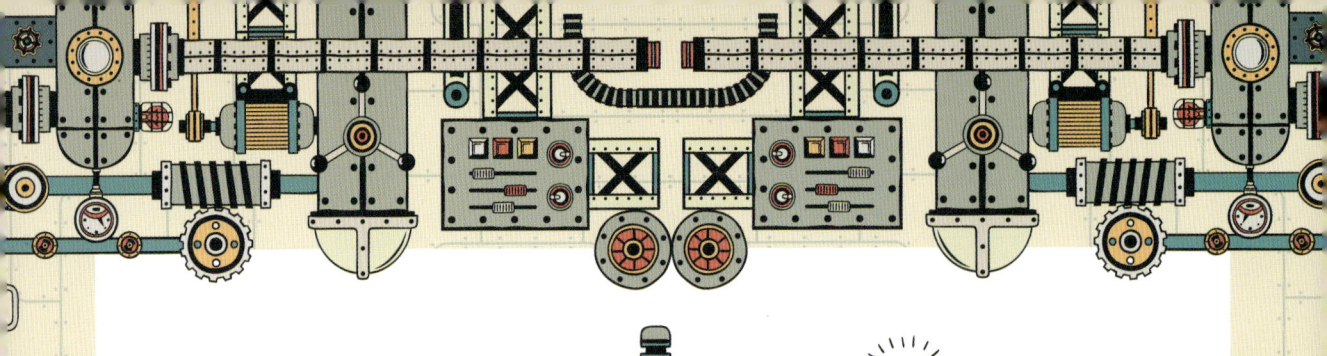

Chapter 08

나를 반겨주는 바둑이

URL: http://goo.gl/0vVQWB

E-센서보드의 슬라이더를 이용하여 바둑이가 달려오도록 해볼까요?

준비하기

● 준비물 살펴보기 ●

사진	용도	수량
	구글 크롬 브라우저	1
	엔트리 연결프로그램	1
	E-센서보드	1
	아두이노 UNO 보드	1
	USB 케이블(A-B)	1

STEP 01 | 슬라이더를 이용해 바둑이가 달려오도록 코딩하기

01 [오브젝트 추가하기]를 눌러 '강아지', '들판(4)' 오브젝트를 추가합니다.

02 '강아지' 오브젝트를 눌러 아래와 같은 코드를 작성하고 작품을 저장합니다. '강아지' 오브젝트의 x좌표를 아날로그 2번(슬라이더) 센서 값으로 정합니다. 하지만 실행화면 창의 좌표는 x:-240~240, y:-135~135이기 때문에 0~1023까지의 슬라이더 센서 값을 그대로 쓰지 않고 센서 값의 범위를 -270~100으로 바꿔 실행화면 밖 왼쪽에서부터 오른쪽으로 달려오는 것처럼 만들어 줍니다. 또한 크기도 아날로그 2번(슬라이더) 센서 값의 0~1023의 범위를 50~200으로 바꾼 값으로 정하여 원근감을 적용해 멀리서부터 점점 가깝게 다가오는 것처럼 느끼도록 만들어줍니다. [0.05초 기다리기] 블록을 사용하여 '강아지' 오브젝트가 너무 빨리 모양이 바뀌는 것을 방지해줍니다. 원래대로라면 코드를 분리하여 슬라이더 센서 값을 실시간으로 불러오는 작업에 영향을 주지 않게 하는 것이 맞지만, 이번 작품을 실행할 때에는 0.05초 정도의 딜레이는 큰 문제가 되지 않습니다.

STEP 02 | 작품 실행하기

- 실행화면 아래에 있는 [시작하기]를 클릭합니다. E-센서보드의 슬라이더를 이용해 바둑이가 달려오도록 해봅시다.

★ 완성코드 ★

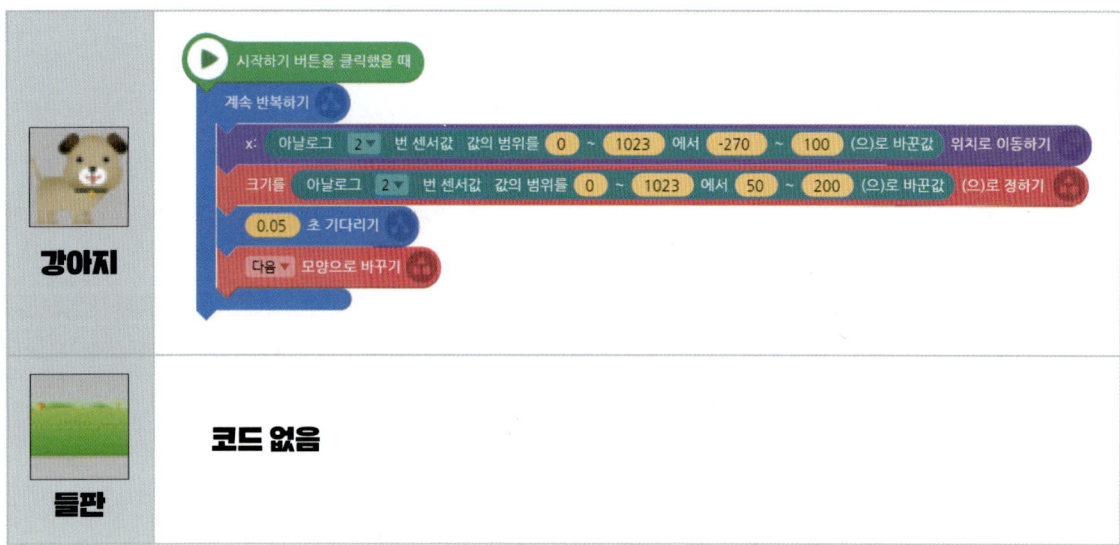

자율미션 ❶

STEP 01 | 바둑이가 배경화면의 집이 있는 왼쪽 위에서부터 달려오도록 코드 수정하기

01 자율 미션을 해결하기 위해 만들었던 작품의 실행화면 상단에 있는 탭을 마우스 우클릭→복제하기로 추가해주고 제목을 '자율 미션1'로 변경해줍니다.

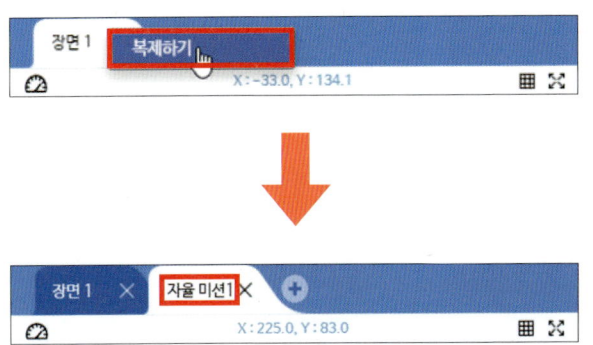

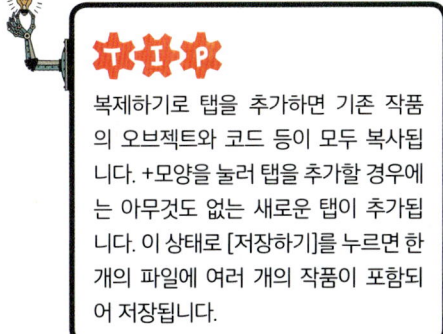

TIP
복제하기로 탭을 추가하면 기존 작품의 오브젝트와 코드 등이 모두 복사됩니다. +모양을 눌러 탭을 추가할 경우에는 아무것도 없는 새로운 탭이 추가됩니다. 이 상태로 [저장하기]를 누르면 한 개의 파일에 여러 개의 작품이 포함되어 저장됩니다.

02 힌트를 통해 미션을 해결해 봅시다. '강아지' 오브젝트의 y좌표를 아날로그 2번(슬라이더) 센서 값으로 정합니다. 하지만 실행화면 창의 좌표는 x:−240~240, y:−135~135이기 때문에 0~1023까지의 아날로그 2번(슬라이더) 센서 값을 그대로 쓰지 않고 센서 값의 범위를 30~130으로 바꾸어 실행화면의 왼쪽 위에서부터 달려오는 것처럼 만들어야 합니다. 하지만 이 상태로는 '강아지' 오브젝트의 y좌표가 30→130으로 변경되므로 아래에서 위로 이동하게 됩니다. 따라서 위에서 아래로 이동하게 하려면 y좌표가 130→30으로 변경되도록 해주어야 합니다. '~' 기호는 방향이 아니라 범위를 뜻하므로 30~130=130~30이므로 순서를 바꾸는 것은 의미가 없습니다. 그렇기 때문에 연산을 이용해 [y: −1×〈아날로그 2번 센서 값 (−130~30)〉 위치로 이동하기]와 같이 표현해 130→30으로 이동하게 만들어 줄 수 있습니다.

바둑이가 배경화면의 집이 있는 왼쪽 위에서부터 달려오도록 코드 수정하기

자율미션 ❶ 예시 답안

✏️ '강아지' 오브젝트의 기존 코드를 수정

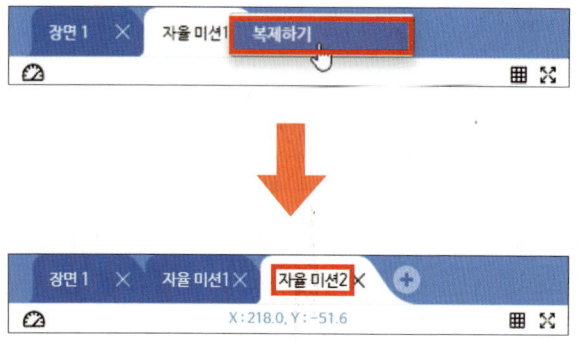

자율미션 ❷

STEP 01 | 바둑이가 배경화면의 집이 있는 왼쪽 위에서부터 달려오도록 코드 수정하기

01 자율 미션을 해결하기 위해 '자율 미션1' 작품의 실행화면 상단에 있는 탭을 마우스 우클릭→ 복제하기로 추가하고 제목을 '자율 미션2'로 변경해줍니다.

TIP
복제하기로 탭을 추가하면 기존 작품의 오브젝트와 코드 등이 모두 복사됩니다. +모양을 눌러 탭을 추가할 경우에는 아무것도 없는 새로운 탭이 추가됩니다. 이 상태로 [저장하기]를 누르면 한 개의 파일에 여러 개의 작품이 포함되어 저장이 됩니다.

02 힌트를 통해 미션을 해결해 봅시다. [소리 ▢ 재생하고 기다리기] 블록은 해당 오브젝트가 선택한 소리를 재생하고, 소리 재생이 끝나면 다음 블록을 실행합니다. 만약 이 블록 대신 [소리 ▢ 재생하기] 블록을 쓴다면 [▢ 초 기다리기] 블록과 함께 써야 합니다. 그렇지 않고 [소리 ▢ 재생하기] 블록만 쓰게 된다면 [계속 반복하기] 블록으로 인해 소리가 계속 겹쳐서 재생되게 됩니다. 또한 [소리 ▢ 재생하고 기다리기] 블록을 기존 그룹에 넣지 않고 새로운 그룹으로 만든 이유는 [소리 ▢ 재생하고 기다리기] 블록 때문에 아날로그 2번(슬라이더) 값을 실시간으로 읽지는 못하고 소리 재생이 끝난 후에야 다시 센서 값을 불러오는 딜레이가 0.05초에 비해 1.3초는 너무 크기 때문입니다. [소리 크기를 ▢%로 정하기] 블록은 작품에서 재생되는 모든 소리의 크기를 입력한 퍼센트로 정합니다. '강아지' 오브젝트의 멀고 가까운 정도에 따라 실시간으로 소리 크기를 변경해야 하므로 그룹을 따로 만들어줬습니다.

바둑이가 '강아지 짖는 소리'를 멀리서는 작게, 가까이에서는 크게 내도록 코드 수정하기

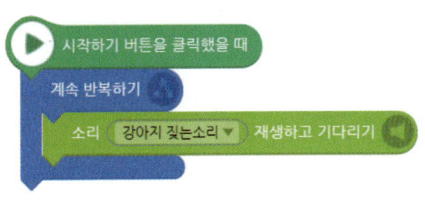

/ '강아지' 오브젝트의 기존 코드를 수정

활동 보고하기

주제	나를 반겨주는 바둑이(슬라이더)	차시	8차시
		단계	기초
학습목표	1. 원근법에 대해 이해할 수 있다. 2. 슬라이더를 이용하여 오브젝트의 위치를 변경할 수 있다. 3. 슬라이더를 이용하여 오브젝트의 크기를 변경할 수 있다.		
학년, 반, 번호	(　)학년 (　)반 (　)번	이름	

★ 생각열기 ★

1. 원근법이란 무엇일까요?

   실제 눈에 보이는 것과 같이 멀고 가까운 것을 거리감이 잘 드러나도록 표현하는 방법입니다.

2. 원근법을 이용한 사진들을 살펴볼까요?

3. 원근법을 이용해 기차를 그려봅시다.

학년, 반, 번호	( )학년 ( )반 ( )번	이름	

★정리하기★

1. [x: □ 위치로 이동하기] 블록과 [x: □ 만큼 바꾸기] 블록의 차이점에 대해 생각해봅시다. 또한 실제로 블록을 바꿔 작품을 실행시켜 봅시다.

활동 보고하기

| 학년, 반, 번호 | ( )학년 ( )반 ( )번 | 이름 | |

★정리하기★

2. [크기를 ㅁ로 정하기] 블록과 [크기를 ㅁ만큼 바꾸기] 블록의 차이점에 대해 생각해 봅시다. 또한 실제로 블록을 바꿔 작품을 실행시켜 봅시다.

E-센서보드는 아두이노와 어떻게 연결되어 있을까?

E-센서보드는 아두이노에 있는 아날로그와 디지털 핀들을 그대로 사용합니다. 때문에 엔트리 이외에도 아두이노를 기반으로 한 스크래치나, 아두이노 프로그램 등에서도 실행이 가능합니다 (한정된 공간에 많은 센서들을 넣다 보니 일부 회로가 겹치는 부품들이 있습니다). 파란색, 노란색, 초록색 버튼은 DC모터와 회로가 동일해 버튼을 누르면 바퀴가 돌아가는 반면, 빨간색 버튼은 회로가 겹치지 않아 버튼을 눌러도 바퀴가 돌아가지 않습니다. 같은 경우로 오른쪽 바퀴가 전진할 때만 초록색 LED가 켜지거나 초록색 LED가 켜질 때 오른쪽 바퀴만 전진하게 됩니다. E-센서보드를 정면에서 봤을 때의 좌, 우와 자동차 로봇이 전진할 때의 좌, 우는 반대입니다.

E-센서보드

Chapter 09

삼겹살 파티

URL: http://goo.gl/J4TxC8

E-센서보드의 온도 센서를 이용하여
삼겹살을 구워볼까요?

준비하기

● 준비물 살펴보기 ●

사진	용도	수량
	구글 크롬 브라우저	1
	엔트리 연결프로그램	1
	E-센서보드	1
	아두이노 UNO 보드	1
	USB 케이블(A-B)	1
	온도 센서	1
	점퍼 케이블(F/F, 10cm 또는 20cm)	3

STEP 01 | 온도 센서의 아날로그 값을 섭씨온도로 확인할 수 있게 코딩하기

01 점퍼 케이블(F/F)을 이용해 센서보드 우측 하단에 있는 확장포트에 온도 센서를 연결합니다. 센서보드의 확장포트에 있는 흰색 점과 센서에 있는 흰색 점이 같은 방향을 향하도록 연결합니다.

> **TIP**
> 좌측 하단은 아날로그 5번, 우측 하단은 아날로그 3번을 이용하게 됩니다. 거리 센서와 온도 센서를 센서보드에 있는 자 그림, 온도계 그림과 일치하게 연결할 필요는 없으며 아무 곳에 연결해도 사용 가능합니다.

02 '엔트리봇' 오브젝트의 좌표를 X: -90, Y: 0으로 변경하고 복제합니다.

03 복제된 '엔트리봇1' 오브젝트의 좌표를 X: 90, Y: 0으로 변경합니다.

04 '엔트리봇' 오브젝트를 눌러 아래와 같은 코드를 작성합니다. 시작하기 버튼을 클릭했을 때 다음 내용을 계속 반복합니다. 아날로그 3번(왼쪽 온도 센서) 센서 값을 말합니다.

05 '엔트리봇1' 오브젝트를 눌러 아래와 같은 코드를 작성합니다. 시작하기 버튼을 클릭했을 때 다음 내용을 계속 반복합니다. [{(아날로그 3번(온도 센서) 센서 값×5)/1024}−0.5]×100을 말합니다.

TIP

센서보드에 사용되는 MCP9700A 온도 센서는 −40˚~150˚까지 측정할 수 있으며 0~1023까지의 아날로그 값으로 변환되어 나옵니다. 이렇게 변환되어 나오는 아날로그 값을 섭씨 온도로 바꾸기 위해서는 [{(아날로그 3번(온도 센서) 센서 값×5)/1024}−0.5]×100 공식을 사용합니다.

STEP 02 | 작품 실행하기

01 실행화면 아래에 있는 [시작하기]를 클릭합니다. E-센서보드의 온도 센서 값을 확인해 봅시다.

STEP 01 | 온도 센서로 삼겹살을 구울 수 있도록 코딩하기

01 [오브젝트 추가하기]→파일 업로드→파일추가를 누릅니다.

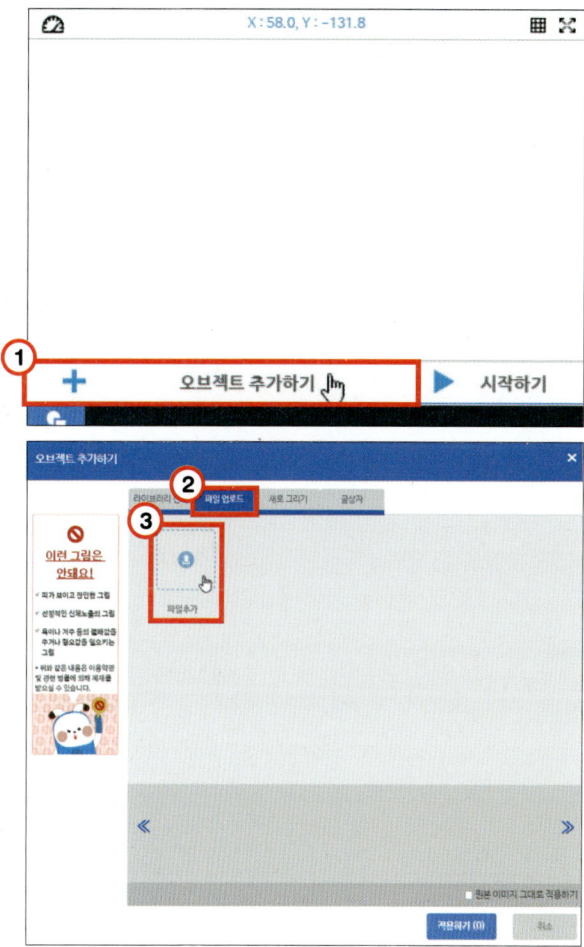

02 센서보드 이미지자료₩오브젝트 추가₩'불판', '생 삼겹살' 파일을 열어 마우스 왼쪽 버튼으로 대상 클릭→적용하기로 오브젝트를 추가합니다.

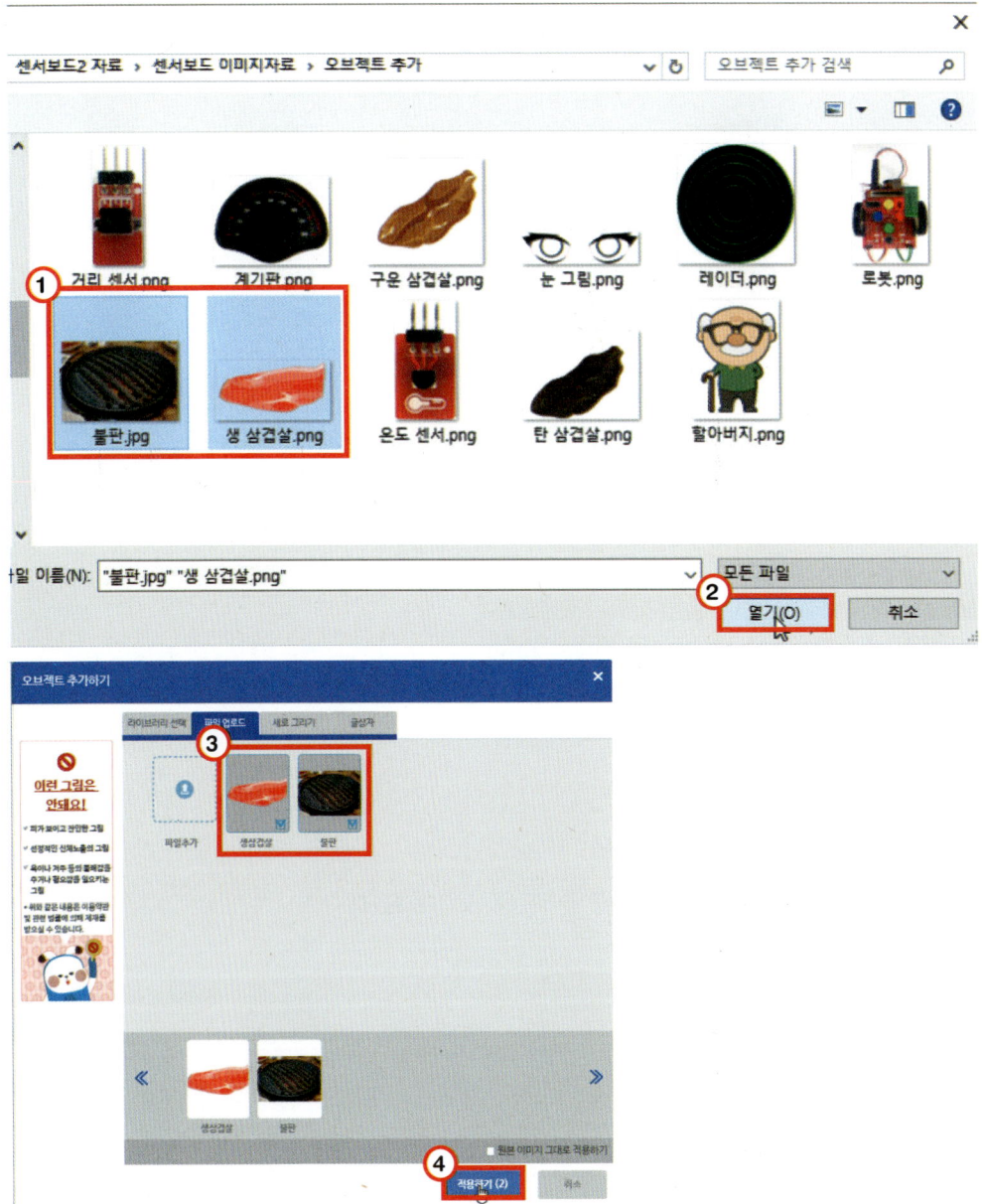

03 '불판' 오브젝트를 목록 창의 맨 아래에 오도록 마우스로 드래그하여 옮기고 크기는 400으로 변경합니다.

TIP

엔트리에서는 오브젝트 목록 창의 맨 위에 있는 오브젝트가 실행화면 맨 앞에 오게 되므로 오브젝트가 놓이는 순서가 중요합니다. 만약 '생삼겹살' 오브젝트 대신 '불판' 오브젝트가 맨 위에 있다면 '생삼겹살' 오브젝트는 가려지게 됩니다. 오브젝트의 순서는 마우스 왼쪽 버튼으로 드래그하여 변경할 수 있습니다.

04 '생삼겹살' 오브젝트를 누르고 [모양]탭→[모양추가]→파일 업로드→파일추가를 눌러 줍니다.

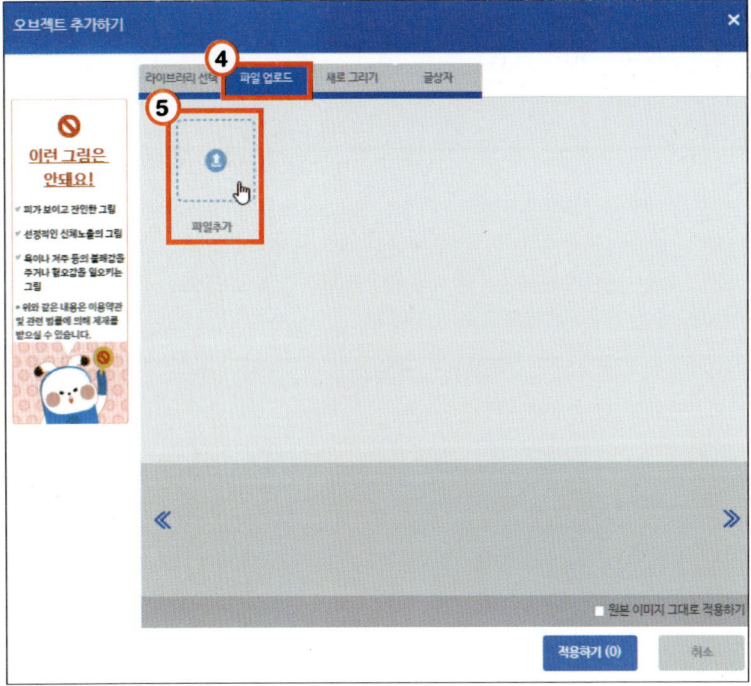

05 '구운 삼겹살', '탄 삼겹살'를 마우스 왼쪽 버튼으로 대상 클릭→적용하기로 모양을 추가합니다.

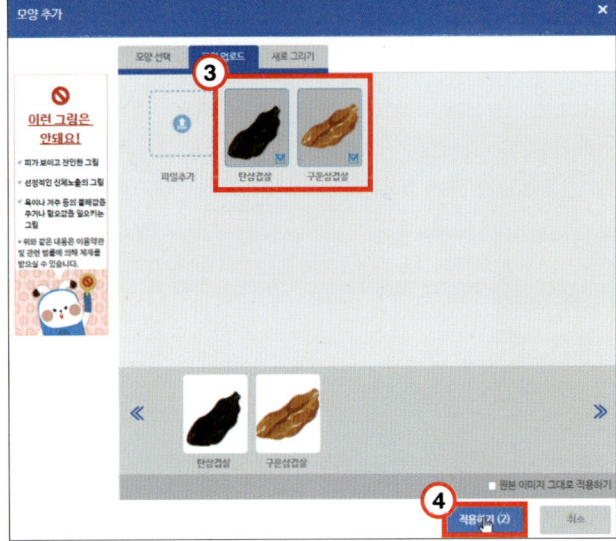

TIP
엔트리에서는 오브젝트에 있는 기본적인 모양 이외에도 새로운 모양을 추가할 수 있습니다. 오브젝트의 모양이 여러 개라면 모양[탭]에서 선택되어 있는 모양이 기본적으로 보이게 됩니다.

06 '생삼겹살' 오브젝트를 누르고→[모양]탭→생삼겹살을 선택합니다. 그 후에 '생삼겹살' 오브젝트를 마우스 우클릭하여 두 번 복제해 줍니다.

07 '생삼겹살' 오브젝트들을 불판 위에 적절하게 배치합니다.

08 [속성]탭→변수추가→'굽기' 이름을 적고 확인을 누릅니다. 변수 보이기는 해제합니다.

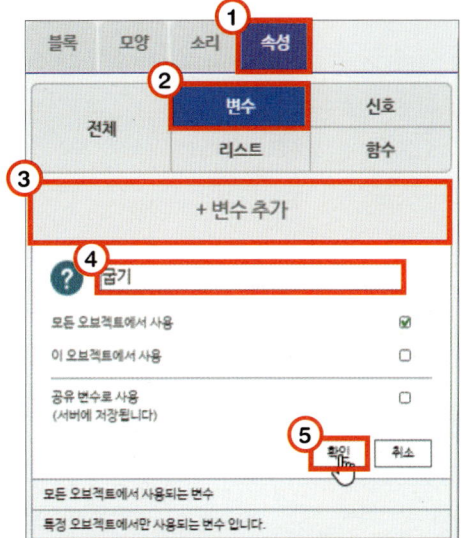 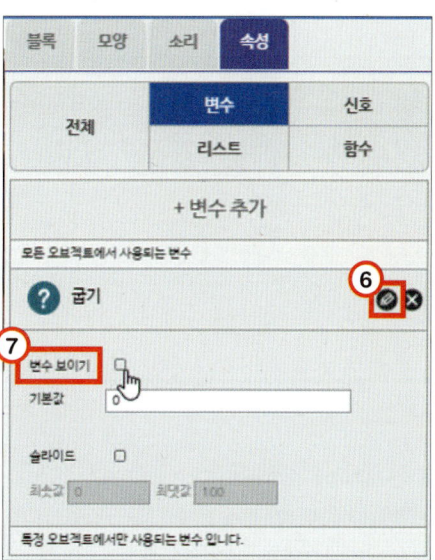

변수는 수학에서 쓰이는 x, y와 같은 미지수 역할을 합니다. 변수를 추가하면 [자료]에 새로운 블록이 생성됩니다.

09 '생삼겹살' 오브젝트를 눌러 다음과 같은 코드를 작성합니다. [시작하기]를 눌렀을 때 '굽기' 변수가 초기의 아날로그 3번(오른쪽 확장 포트에 연결된 온도 센서) 센서 값을 기준으로 정하게 됩니다. 그 후에 〈아날로그 3번(온도 센서) 센서 값-굽기 값〉이 5 이상이라면 '생삼겹살' 모양이 '구운삼겹살' 모양으로 변하게 됩니다. 즉, 온도 센서 값이 초기 값보다 일정량 증가하게 되면 모양이 바뀌도록 코드를 만들어준 것입니다. 만약 [〈굽기〉를 〈아날로그 3번 센서 값〉으로 정하기] 블록을 [계속 반복하기] 블록 안에 넣는다면 '굽기' 변수가 실시간으로 아날로그 3번(온도 센서) 센서 값으로 변하기 때문에 〈아날로그 3번(온도 센서) 센서 값-굽기 값〉은 항상 0이 되어 소용이 없게 됩니다.

10 '생삼겹살' 오브젝트의 코드의 맨 위에 [시작하기 버튼을 클릭했을 때] 블록을 마우스 우클릭
→코드 복사하여 '생삼겹살1', '생삼겹살2' 오브젝트에 붙여 넣습니다.

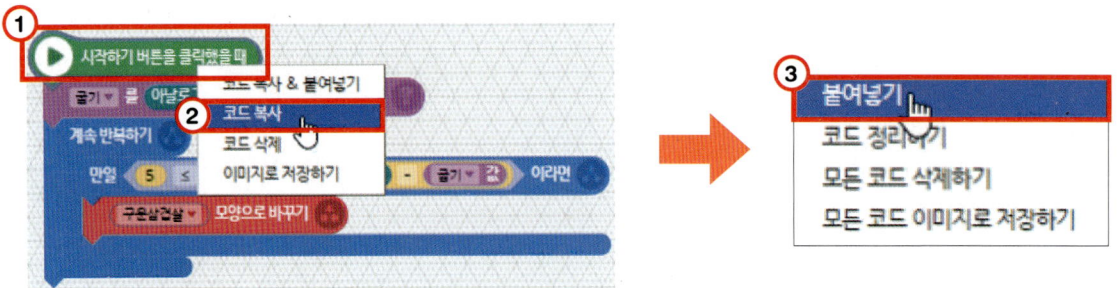

TIP

엔트리에서는 코드 복사, 붙여넣기, 잘라내기가 가능합니다. 코드를 마우스 좌클릭하여 ctrl+C, ctrl+V하거나 코드를 마우스 우클릭하여 코드 복사를 하면 됩니다. 맨 위에 있는 코드를 눌러서 복사하면, 전체가 복사되며 그 아래에 있는 코드를 복사하면 사이에 끼어있는 코드까지만 복사가 됩니다.

11 '생삼겹살1' 오브젝트는 차이 값이 7, '생삼겹살2' 오브젝트는 9 이상이 되어야 모양이 바뀌도록 변경하고 작품을 저장합니다.

STEP 02 | 작품 실행하기

01 실행화면 아래에 있는 [시작하기]를 클릭합니다. E-센서보드의 온도 센서로 삼겹살이 구워지도록 해봅시다. 온도 센서를 손으로 잡거나 입김을 불어 온도 센서 값을 증가시키면 모양이 변하게 됩니다.

★ 완성코드 ★

생삼겹살2

```
시작하기 버튼을 클릭했을 때
굽기▼ 를 아날로그 3▼ 번 센서값 로 정하기
계속 반복하기
    만일 9 ≤ 아날로그 3▼ 번 센서값 - 굽기▼ 값 이라면
        구운삼겹살▼ 모양으로 바꾸기
```

생삼겹살1

```
시작하기 버튼을 클릭했을 때
굽기▼ 를 아날로그 3▼ 번 센서값 로 정하기
계속 반복하기
    만일 7 ≤ 아날로그 3▼ 번 센서값 - 굽기▼ 값 이라면
        구운삼겹살▼ 모양으로 바꾸기
```

자율미션

STEP 01 | 온도 센서 값이 12보다 커지면 '탄삼겹살' 모양으로 변한 후 더 이상 다른 모양으로 변하지 않게 코드 수정하기

01 자율 미션을 해결하기 위해 만들었던 작품의 실행화면 상단에 있는 탭을 마우스 우클릭→복제하기로 추가해주고 제목을 '자율 미션1'로 변경해줍니다.

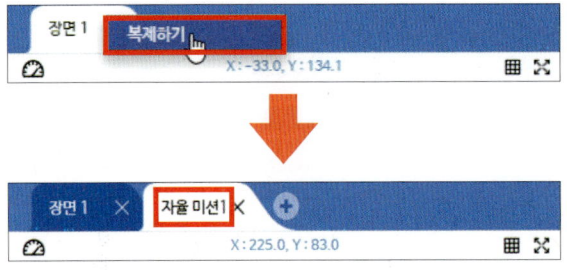

 TIP

복제하기로 탭을 추가하면 기존 작품의 오브젝트와 코드 등이 모두 복사됩니다. +모양을 눌러 탭을 추가할 경우에는 아무것도 없는 새로운 탭이 추가됩니다. 이 상태로 [저장하기]를 누르면 한 개의 파일에 여러 개의 작품이 포함되어 저장이 됩니다.

02 힌트를 통해 미션을 해결해 봅시다. 만일 〈아날로그 3번(온도 센서) 센서 값-굽기 값〉이 12 이상이라면 '탄삼겹살' 모양으로 변하고 반복을 중단합니다.

온도 센서 값이 12보다 커지면 '탄삼겹살' 모양으로 변한 후 더 이상 다른 모양으로 변하지 않게 코드 수정하기

자율미션 예시 답안

✓ '생삼겹살3' 오브젝트의 기존 코드를 수정
(나머지 '생삼겹살' 오브젝트들도 같은 방식으로 수정)

활동 보고하기

주제	삼겹살 파티(온도 센서)	차시	9차시
		단계	기초
학습목표	1. 온도 센서의 아날로그 값을 섭씨온도로 바꿀 수 있다. 2. 온도 센서 값에 따라 오브젝트의 모양이 변하게 할 수 있다. 3. 변수를 추가하여 코딩에 활용할 수 있다.		
학년, 반, 번호	( )학년 ( )반 ( )번	이름	

★생각열기★

1. 우리 생활에서 쓰이는 온도 단위에 대해 알아봅시다.

_____ (℃)
- 물이 어는 점을 0 ℃, 끓는 점을 100 ℃라고 하여 그 사이의 간격을 기체의 열 팽창 정도에 따라 100등분 하여 한 눈금을 1 ℃로 나타낸 온도
- 섭씨온도로의 변환식 : ℃ = (℉−32)/1.8

_____ (℉)
- 물이 어는 점을 32 ℉, 끓는 점을 212 ℉라고 하여 그 사이의 간격을 기체의 열 팽창 정도에 따라 180등분 하여 한 눈금을 1 ℉로 나타낸 온도
- 화씨온도로의 변환식 : ℉ = (℃*1.8)+32

2. 온도가 올라가면 모양과 색이 변하는 음식이 무엇이 있는지 이야기해 봅시다.

활동 보고하기

| 학년, 반, 번호 | ( )학년 ( )반 ( )번 | 이름 | |

★정리하기★

다음 블록을 [계속 반복하기] 블록 안에 넣었을 때와 넣지 않았을 때의 차이점에 대해 생각해보고 실제로 블록의 위치를 바꾼 후에 작품을 실행시켜 봅시다.

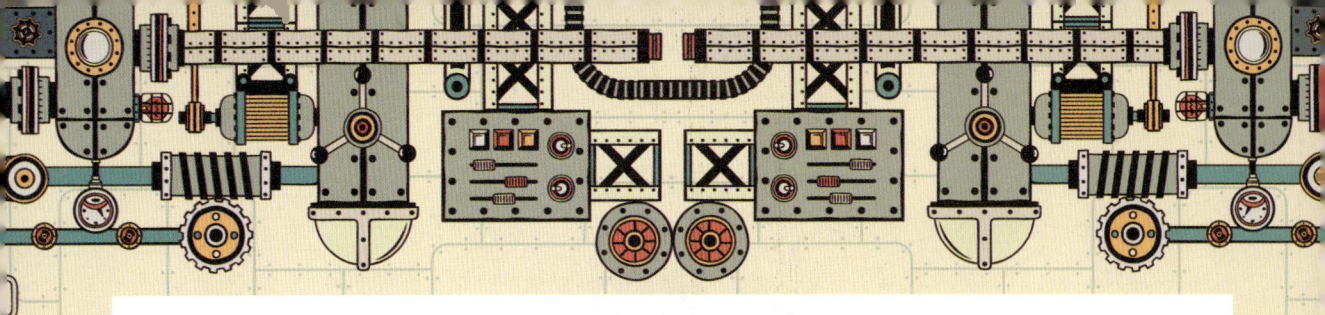

Chapter 10

계기판을 만들어 보자!

URL: https://goo.gl/3owBqw

E-센서보드에 서보 모터를 연결해
계기판을 만들어 볼까요?

준비하기

● **준비물 살펴보기** ●

사진	용도	수량
	구글 크롬 브라우저	1
	엔트리 연결프로그램	1
	CS02-1 확장보드(디지털키보드)	1
	아두이노 UNO 보드	1
	USB 케이블(A-B)	1
	미니 서보 모터(SG-90)	1
	계기판 종이	1
	투명테이프(8mm×50mm)	1

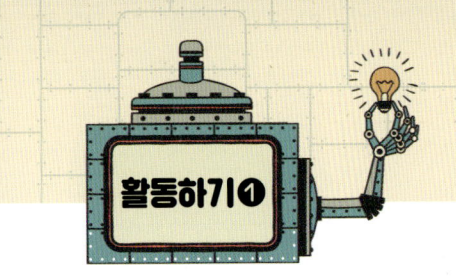

STEP 01 | 서보 모터에 계기판 종이 붙이기

01 계기판 종이를 아래와 같이 접어줍니다.

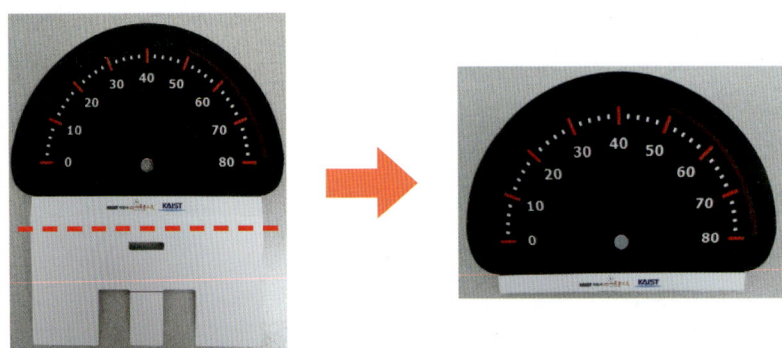

02 날개를 뺀 서보 모터를 전선이 위쪽을 향하도록 계기판 종이에 꽂습니다. 계기판 종이의 뒷부분을 접어 올린 후 투명테이프로 고정시켜 줍니다.

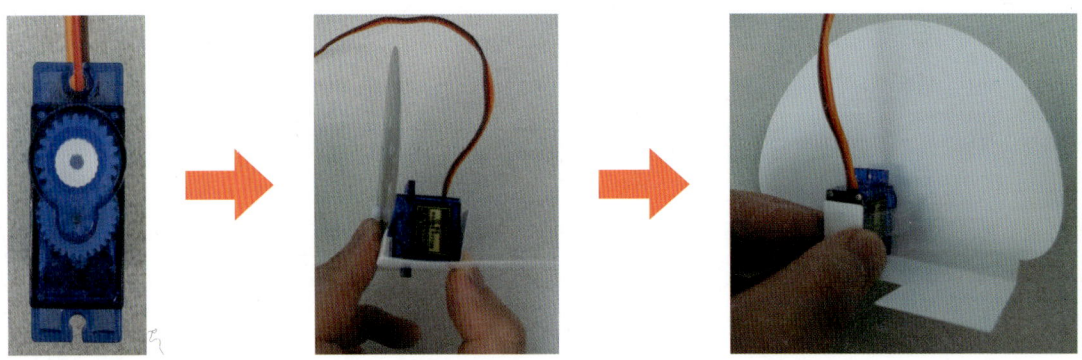

03 사진을 참고하여 계기판 종이의 앞에 서보 모터의 날개를 꽂아 줍니다.

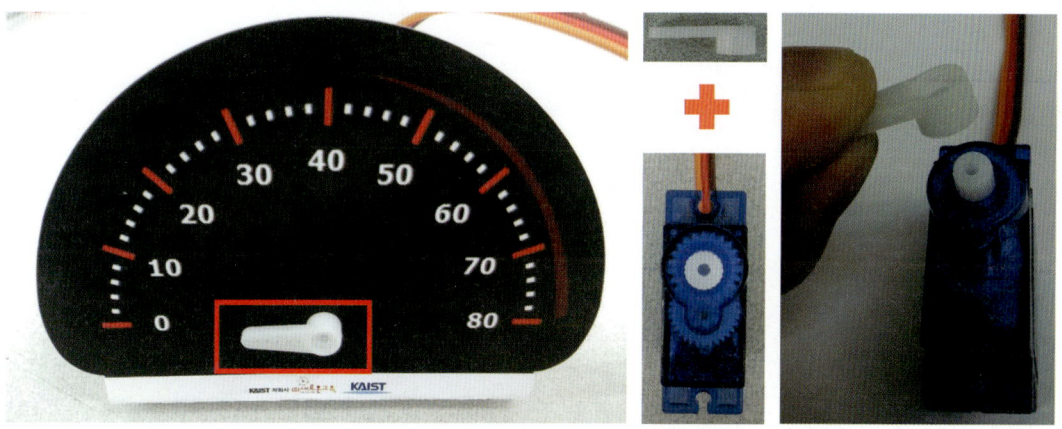

04 서보 모터를 센서보드에 O: 주황색, R: 빨강색, B: 갈색에 맞게 연결합니다.

> **TIP**
> 서보 모터는 강제로 돌리면 망가질 수 있으니 주의해야 합니다. 만약 USB 케이블을 통한 전류 공급이 부족하여 엔트리 하드웨어 연결이 끊길 경우에는 건전지를 연결해줘야 합니다.

STEP 02 | 서보 모터의 움직임을 확인할 수 있도록 코딩하기

01 '엔트리봇' 오브젝트를 선택합니다.

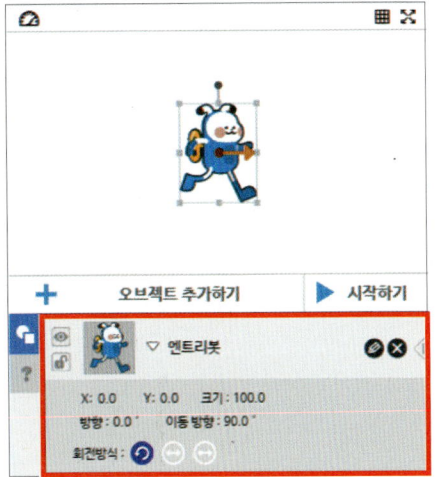

02 '엔트리봇' 오브젝트를 눌러 아래와 같은 코드를 작성합니다. 시작하기 버튼을 클릭했을 때 계속 디지털 6번(서보 모터) 핀을 1로 정했다가 1초 기다리고, 90으로 정하고 1초 기다리고, 180으로 정한 후 1초 기다립니다.

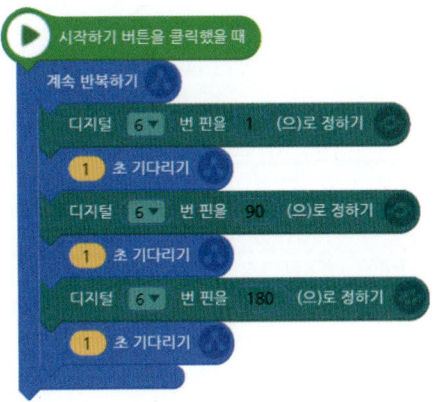

TIP

서보 모터는 디지털 6번 핀에 연결되어 0~180의 값을 지니며 0°~180° 만큼 회전합니다. 하지만 0을 입력할 경우 아무 신호도 받지 않은 것으로 인식하기 때문에 1~180의 값을 적어야 합니다.

STEP 03 | 작품 실행하기

01 실행화면 아래에 있는 [시작하기]를 클릭합니다. 서보 모터의 움직임을 확인해 봅시다.

02 디지털 6번 핀 값이 1일 때는 서보 모터의 날개가 3시 쪽에 있다가 디지털 6번 핀 값이 180일 때는 9시 쪽으로 움직여 반시계 방향으로 회전한다는 것을 알 수 있습니다.

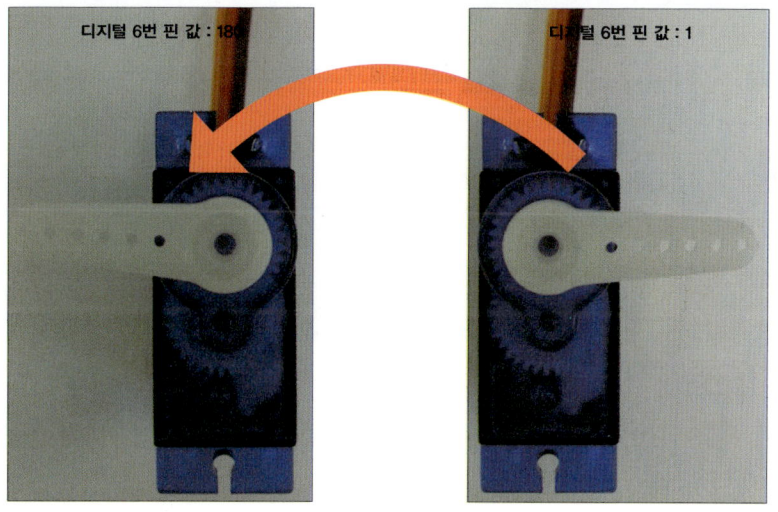

TIP 위와 같은 모양이 아닐 경우에는 서보 모터의 날개를 뺐다가 방향을 맞춰 다시 끼워줍니다.

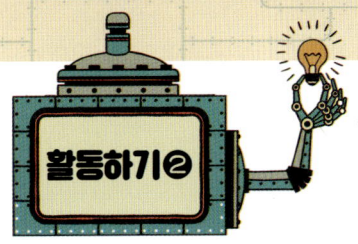

STEP 01 | 서보 모터로 계기판을 표현할 수 있도록 코딩하기

01 기존에 있던 '엔트리봇' 오브젝트는 삭제합니다.

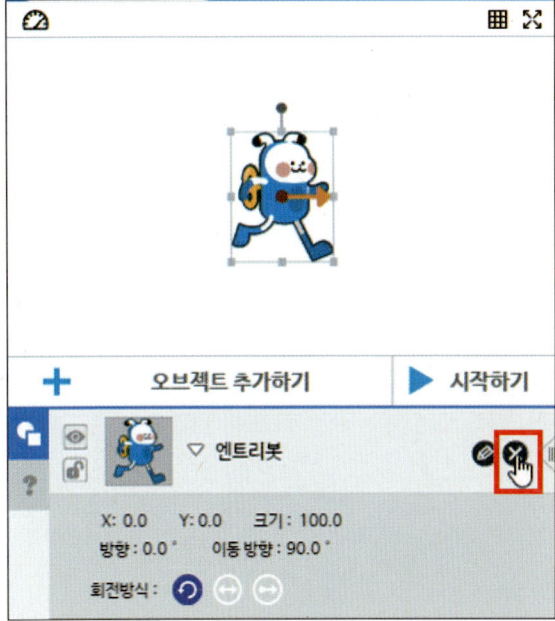

02 [오브젝트 추가하기] → 파일 업로드 → 파일추가를 누릅니다.

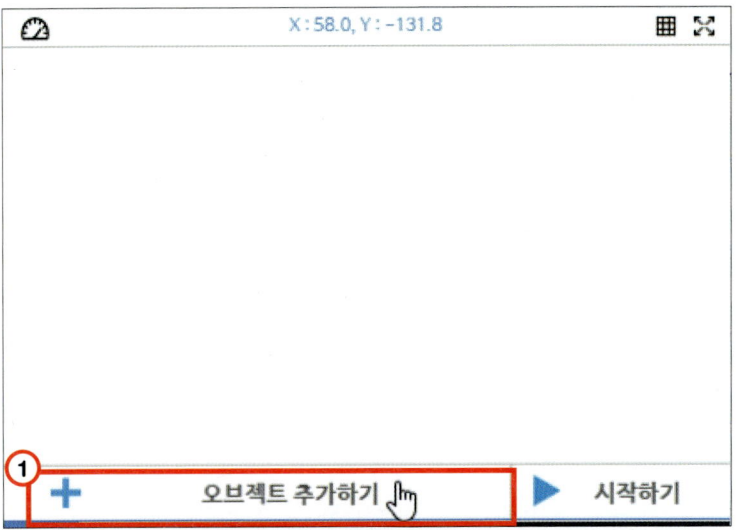

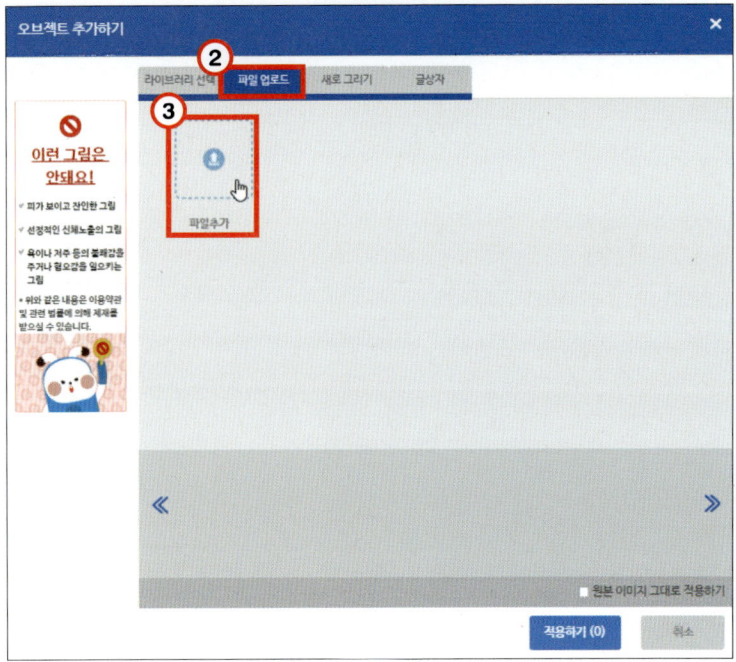

CHAPTER 10 :: 계기판을 만들어 보자!

03 센서보드 이미지자료₩오브젝트 추가₩'계기판.PNG' 파일을 열어 마우스 왼쪽 버튼으로 대상 클릭→적용하기로 오브젝트를 추가합니다.

04 [오브젝트 추가하기]를 눌러 '룰렛 화살표', '흰 자동차', '도시(2)' 오브젝트를 추가합니다.

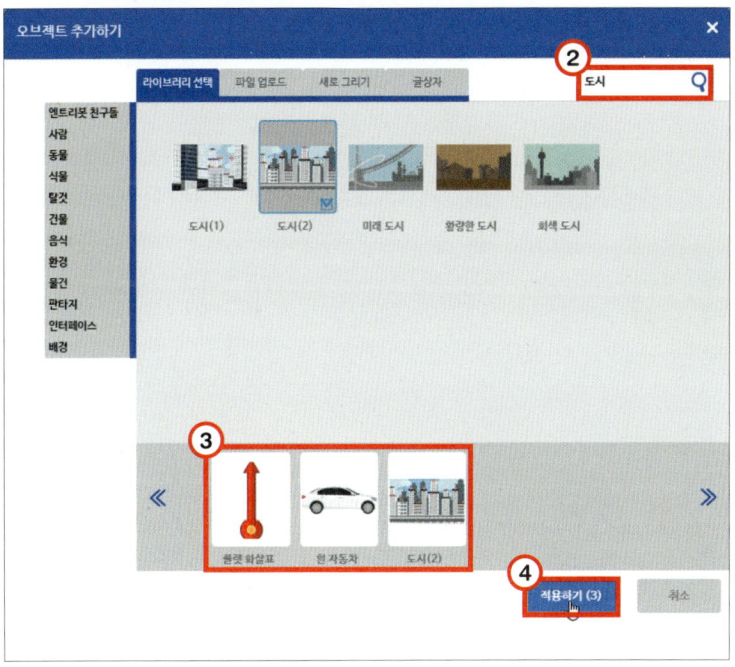

CHAPTER 10 :: 계기판을 만들어 보자! 175

05 '계기판' 오브젝트의 좌표를 X: 105, Y: -35, 크기를 230으로 변경합니다.

06 '룰렛 화살표' 오브젝트의 좌표를 X: 105, Y: -40, 크기를 50으로 변경합니다.

07 '룰렛 화살표' 오브젝트의 마우스로 중심점(오브젝트 중앙에 있는 갈색점)을 드래그하여 대략 X: 105, Y: -68 정도에 가져다 놓습니다.

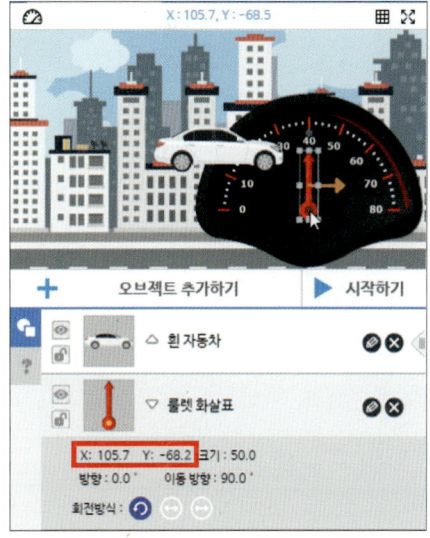

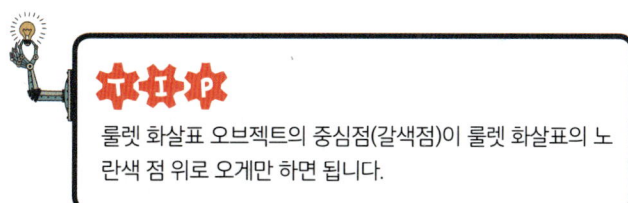

TIP
룰렛 화살표 오브젝트의 중심점(갈색점)이 룰렛 화살표의 노란색 점 위로 오게만 하면 됩니다.

08 '흰 자동차' 오브젝트의 좌표를 X: -130, Y: -100으로 변경합니다.

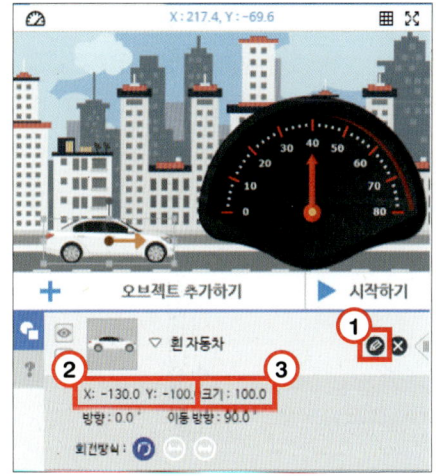

09 '도시(2)' 오브젝트를 복제합니다.

10 '복제한 '도시(2)1' 오브젝트를 마우스로 드래그하여 맨 아래로 옮겨줍니다.

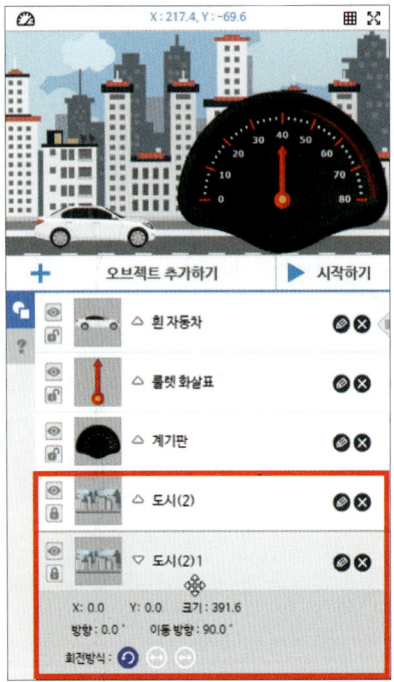

11 '룰렛 화살표' 오브젝트를 눌러 아래와 같은 코드를 작성합니다. 시작하기 버튼을 클릭했을 때 계속 디지털 6번(서보 모터) 핀을 아날로그 2번(슬라이더) 센서 값의 범위 0~1023를 1~180으로 바꾼 값으로 정합니다. 그러면 슬라이더를 좌우로 움직여 서보 모터를 1~180까지 움직일 수 있습니다. 하지만 서보 모터는 디지털 6번 핀의 센서 값이 180일 때 계기판의 0을 가리키고, 1일 때 계기판의 80을 가리키기 때문에 슬라이더와 서보 모터는 서로 반대 방향으로 움직입니다. 디지털 값에는 −가 없기 때문에 센서보드를 거꾸로 잡고 슬라이더가 왼쪽(센서 값: 1023)일 때 계기판의 0을 가리킬 수 있도록 바꿔줘야 합니다. 그러므로 방향을 90−{아날로그 2번(슬라이더) 센서 값/5.7}을 해주어 센서보드를 거꾸로 잡은 상태에서 슬라이더가 왼쪽(센서 값: 1023)일 때 약 −90이 나와 계기판의 0을 가리키고 슬라이더 오른쪽(센서 값: 0)이 되면 80을 가리키게 할 수 있습니다. 또한 [{1023−아날로그 2번(슬라이더) 센서 값}/12.7]의 소수점 버림값을 말하기로 계기판이 0~80을 말할 수 있게 됩니다.

TIP
[☐의 소수점 버림값] 블록은 입력한 수에 대한 소수점 버림값을 나타내며, 이 외에도 절댓값, 제곱, 루트, 사인, 코사인, 소수점 등을 나타낼 수 있습니다.

12 '도시(2)1' 오브젝트를 눌러 아래와 같은 코드를 작성합니다. 시작하기 버튼을 클릭했을 때 '도시(2)1' 오브젝트가 x좌표를 아날로그 2번(슬라이더) 센서값의 범위를 0~1023에서 -10~0 으로 바꾼 값만큼 바꿉니다. 이렇게 하면 센서보드를 거꾸로 잡고 슬라이더가 왼쪽(센서 값: 1023)일 때는 배경이 멈춰 있고, 오른쪽으로 갈수록 빨리 움직입니다. 만약 자신의 x좌푯값이 -490 이하가 되면 x: 490 위치로 이동합니다. 원래대로라면 480으로 설정하는 것이 맞지만 '도시(2)' 오브젝트의 크기가 크기 때문에 490으로 이동하도록 만들었습니다.

TIP
엔트리 실행화면은 x축(가로), y축(세로) 좌표로 이루어져 있습니다. 화면의 중심을 (0, 0)으로 하여, x축 방향으로 -240~240, y축 방향으로 -135~135로 구성되어 있습니다. 오브젝트들의 위치는 각 오브젝트가 가지고 있는 중심점의 좌표로 오브젝트 목록에서 그 정보를 확인할 수 있으며, 현재 마우스 포인터가 가리키고 있는 좌표는 실행화면 상단에서 확인할 수 있습니다.

13 '도시(2)' 오브젝트를 눌러 아래와 같은 코드를 작성합니다. 시작하기 버튼을 클릭했을 때 x: 490 위치로 이동한 후 '도시(2)' 오브젝트가 x좌표를 아날로그 2번(슬라이더) 센서값의 범위를 0~1023에서 -10~0으로 바꾼 값만큼 바꿉니다. 이렇게 하면 센서보드를 거꾸로 잡고 슬라이더가 왼쪽(센서 값: 1023)일 때는 배경이 멈춰 있고, 오른쪽으로 갈수록 빨리 움직입니다. 만약 자신의 x좌푯값이 -490 이하가 되면 x: 490 위치로 이동합니다. 위와 마찬가지로 '도시(2)' 오브젝트의 크기가 크기 때문에 490으로 이동하도록 만들었습니다.

STEP 02 | 작품 실행하기

01 실행화면 아래에 있는 [시작하기]를 클릭합니다. 센서보드를 거꾸로 잡고 슬라이더를 움직여 엔트리 실행화면과 계기판에 있는 서보 모터의 움직임을 확인해 봅시다.

02 슬라이더의 위치에 따라서 서보 모터가 회전한다는 것을 알 수 있습니다.

TIP
위와 같은 모양이 아닐 경우에는 서보 모터의 날개를 뺐다가 방향을 맞춰 다시 끼워줍니다.

CHAPTER 10 :: 계기판을 만들어 보자!   181

★ 완성코드 ★

흰 자동차	코드 없음
룰렛화살표	시작하기 버튼을 클릭했을 때 계속 반복하기 　디지털 6번 핀을 아날로그 2번 센서값 값의 범위를 0 ~ 1023 에서 1 ~ 180 (으)로 바꾼값 (으)로 정하기 　방향을 90° - 아날로그 2번 센서값 / 5.7 (으)로 정하기 　1023 - 아날로그 2번 센서값 / 12.7 의 소수점 버림값 을(를) 말하기
계기판	코드 없음
도시(2)	시작하기 버튼을 클릭했을 때 x: 490 위치로 이동하기 계속 반복하기 　x 좌표를 아날로그 2번 센서값 값의 범위를 0 ~ 1023 에서 -10 ~ 0 (으)로 바꾼값 만큼 바꾸기 　만일 자신의 x좌푯값 ≤ -490 이라면 　　x: 490 위치로 이동하기
도시(2)1	시작하기 버튼을 클릭했을 때 계속 반복하기 　x 좌표를 아날로그 2번 센서값 값의 범위를 0 ~ 1023 에서 -10 ~ 0 (으)로 바꾼값 만큼 바꾸기 　만일 자신의 x좌푯값 ≤ -490 이라면 　　x: 490 위치로 이동하기

자율미션

STEP 01 | 소리 센서에 입김을 불면 '자동차 경적소리'가 나도록 코드 수정하기

01 자율 미션을 해결하기 위해 만들었던 작품의 실행화면 상단에 있는 탭을 마우스 우클릭→복제하기로 추가해주고 제목을 '자율 미션1'로 변경해줍니다.

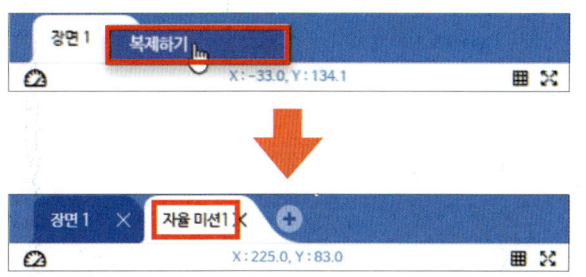

TIP
복제하기로 탭을 추가하면 기존 작품의 오브젝트와 코드 등이 모두 복사됩니다. +모양을 누르면 아무것도 없는 새로운 탭이 추가됩니다. 이 상태로 [저장하기]를 누르면 한 개의 파일에 여러 개의 작품이 포함되어 저장이 됩니다.

02 힌트를 통해 미션을 해결해봅시다. 시작하기 버튼을 클릭했을 때 다음 내용을 계속 반복합니다. 만일 아날로그 0번(소리 센서) 센서 값이 100 이상이라면 '자동차 경적소리1'을 재생하고 기다립니다.

소리 센서에 입김을 불면 '자동차 경적소리'가 나도록 코드 수정하기

자율미션 예시 답안

✏️ '흰 자동차' 오브젝트에 새로운 코드를 추가

활동 보고하기

주제	계기판을 만들어 보자!(서보 모터)	차시	10차시
		단계	기초
학습목표	1. 센서 값을 조절하여 서보 모터를 원하는 만큼 회전시킬 수 있다. 2. 슬라이더를 이용해 계기판의 화살표를 회전시킬 수 있다. 3. 2개의 배경 오브젝트를 이용하여 화면이 흐르는 것처럼 만들 수 있다.		
학년, 반, 번호	(　)학년 (　)반 (　)번	이름	

★생각열기★

1. 자동차 계기판을 통해 어떤 정보들을 알 수 있는지 알아봅시다.

속도 게이지
현재 주행하고 있는 속도를 알려주는 속도 게이지입니다. 주행 중에는 반드시 자신이 현재 몇 km로 달리고 있는지 수시로 확인해야 합니다.

RPM 게이지
분당 엔진의 회전수를 뜻하는 RPM 게이지입니다. 엑셀을 밟지 않았는데도 부자연스럽게 RPM 게이지가 오르락내리락 한다면 문제가 있으니 점검을 받으셔야 합니다.

연료 게이지
연료 게이지는 휘발유나 LPG 등 차량에 연료가 얼마나 남아 있는지를 표시해주는 게이지로 바늘이 하단의 E까지 내려가거나, 불이 들어온다면 주유소에 가셔야 합니다.

냉각수 온도 게이지
냉각수 온도 게이지는 엔진 냉각수의 온도를 알려주는 게이지로 냉각수가 과열됐을 경우 점등됩니다.

엔진오일 경고등
엔진오일 경고등은 엔진이 부드럽게 돌 수 있도록 도와주는 엔진오일량의 부족을 알리는 경고등입니다.

2. 아래 사진은 자동차에서 어떤 정보를 나타내는지 생각해봅시다.

활동 보고하기

학년, 반, 번호	(　)학년 (　)반 (　)번	이름	

★정리하기★

아래 사진에서 디지털 6번(서보 모터) 센서 값과 아날로그 2번(슬라이더) 센서 값이 몇일지 생각해봅시다.

디지털 6번(서보 모터)
핀 값 : ☐

왼쪽

아날로그 2번(슬라이더)
센서 값 : ☐

디지털 6번(서보 모터)
핀 값 : ☐

오른쪽

아날로그 2번(슬라이더)
센서 값 : ☐

CHAPTER 10 :: 계기판을 만들어 보자!

PART. 2 E-센서보드

Chapter 11
요술 색연필

URL: http://goo.gl/n6PI4k

E-센서보드의 슬라이더, 버튼, 소리, LED를 이용하여 요술 색연필을 사용해 볼까요?

준비하기

● 준비물 살펴보기 ●

사진	용도	수량
	구글 크롬 브라우저	1
	엔트리 연결프로그램	1
	E-센서보드	1
	아두이노 UNO 보드	1
	USB 케이블(A-B)	1

STEP 01 | 슬라이더, 버튼, 소리, LED를 이용하는 요술 색연필 코딩하기

01 [오브젝트 추가하기]를 눌러 '연필(1)' 오브젝트를 추가합니다.

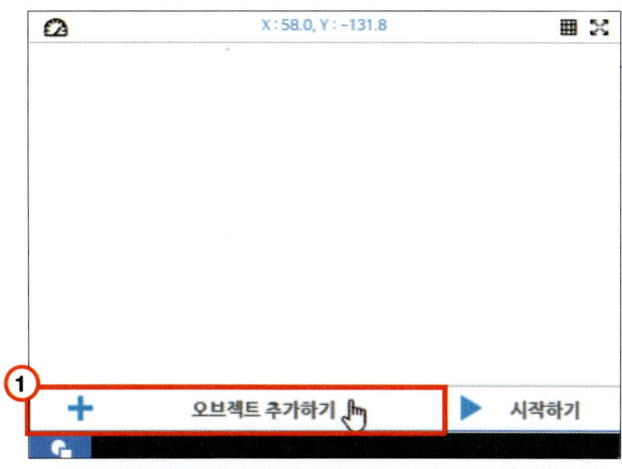

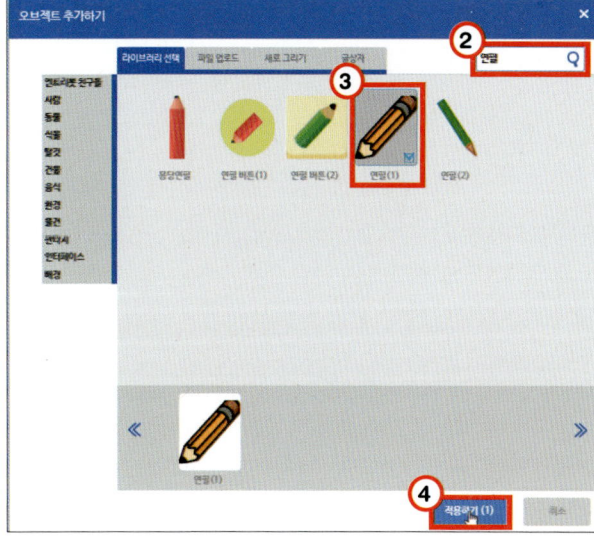

02 마우스로 중심점(오브젝트 중앙에 있는 갈색점)을 드래그하여 약 X: -45, Y: -45에 가져다 놓습니다.

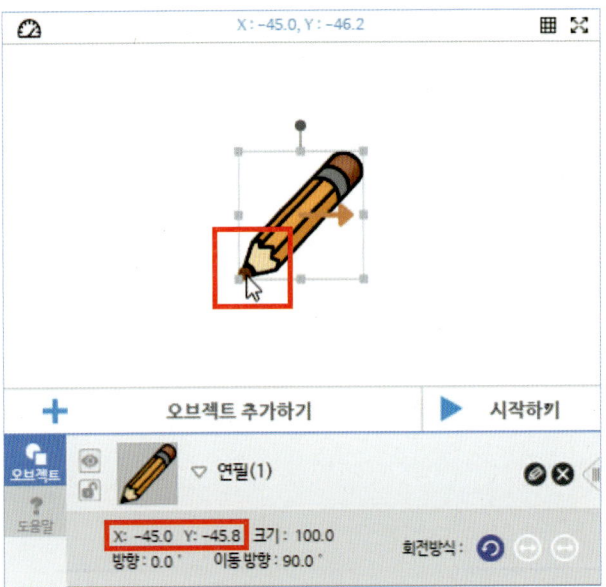

03 '연필(1)' 오브젝트를 눌러 아래와 같은 코드를 작성합니다. '연필(1)' 오브젝트가 마우스 포인터를 따라가며 아날로그 2번(슬라이더) 센서 값을 말합니다. 슬라이더는 0~1023의 값을 나타낼 수 있지만 편의를 위해 0~100으로 변환한 값을 말하게 했으며, 붓의 굵기 또한 적절한 크기로 조정하기 위해 범위를 0~30으로 축소했습니다. 마우스를 클릭하면 선이 그려지고 그렇지 않으면 선 그리기를 멈춥니다.

04 '연필(1)' 오브젝트를 눌러 아래와 같은 코드를 추가로 작성합니다. 빨간 버튼을 누르면 빨간색 색연필이 되어 빨간 선이 그려지고, 파란 버튼을 누르면 파란색 색연필이 되어 파란 선이 그려지고, 노란 버튼을 누르면 노란색 색연필이 되어 노란 선이 그려지고, 초록 버튼을 누르면 초록색 색연필이 되어 초록 선이 그려지도록 했습니다. 색깔은 0~100까지 설정할 수 있으며 각 숫자마다 다른 색을 나타냅니다. 지금은 빨강, 파랑, 노랑, 초록색에 해당되는 숫자를 찾아 코딩한 것입니다.

05 '연필(1)' 오브젝트를 눌러 아래와 같은 코드를 추가로 작성합니다. 만약 '50<아날로그 0번(소리 센서) 센서 값'이라면 지금까지 그렸던 모든 선을 지우게 됩니다.

06 '연필(1)' 오브젝트를 눌러 아래와 같은 코드를 추가로 작성하고 작품을 저장합니다. 빨간 버튼을 누르면 빨간 LED만 키고 나머지는 모두 끄고, 파란 버튼을 누르면 파란 LED만 켜고 나머지는 모두 끄고, 노란 버튼을 누르면 노란 LED만 켜고 나머지는 모두 끄고, 초록 버튼을 누르면 초록 LED만 켜고 나머지는 모두 끕니다.

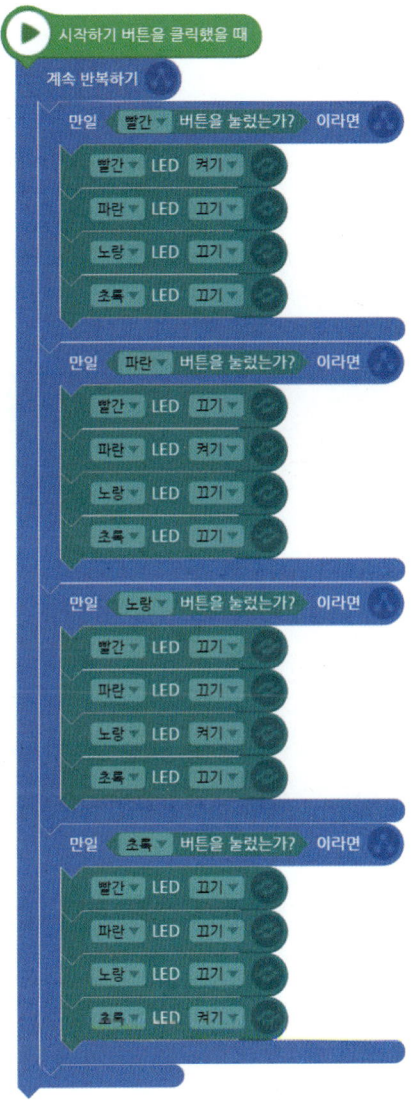

STEP 02 | 작품 실행하기

01 실행화면 아래에 있는 [시작하기]를 클릭합니다. E-센서보드의 슬라이더, 버튼, 소리, LED를 이용해 요술 색연필을 사용해봅시다.

★ 완성코드 ★

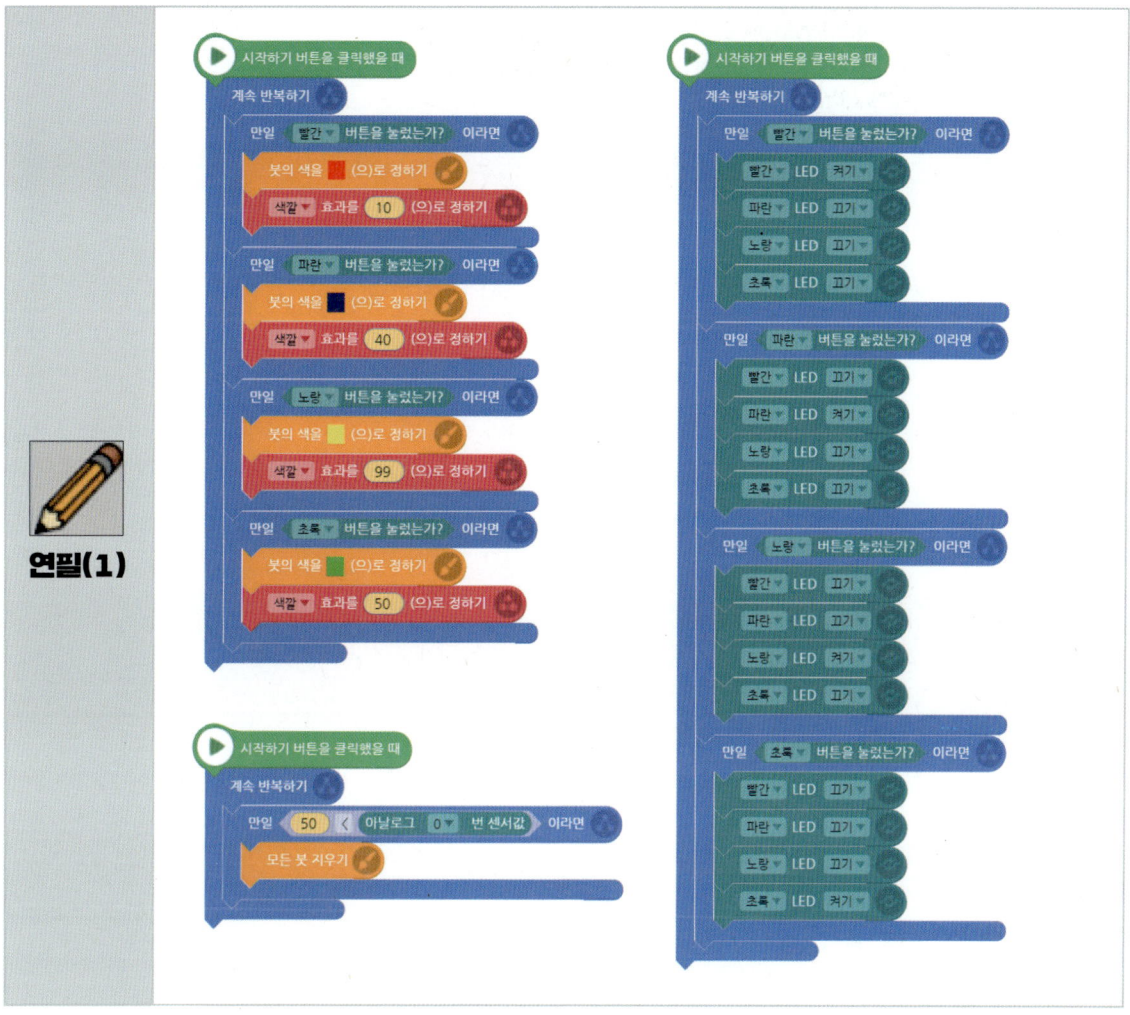

CHAPTER 11 :: 요술 색연필

자율미션

STEP 01 | 만일 2개의 빛 센서 값이 130보다 크다면 붓의 색을 흰색으로 바꿀 수 있도록 코드 수정하기

01 자율 미션을 해결하기 위해 만들었던 작품의 실행화면 상단에 있는 탭을 마우스 우클릭→복제하기로 추가해주고 제목을 '자율 미션1'로 변경해줍니다.

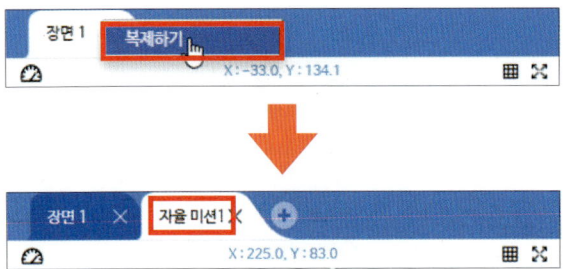

> **TIP**
> 복제하기로 탭을 추가하면 기존 작품의 오브젝트와 코드 등이 모두 복사됩니다. +모양을 눌러 탭을 추가할 경우에는 아무것도 없는 새로운 탭이 추가됩니다. 이 상태로 [저장하기]를 누르면 한 개의 파일에 여러 개의 작품이 포함되어 저장이 됩니다.

02 힌트를 통해 미션을 해결해 봅시다. 시작하기 버튼을 클릭했을 때 다음 내용을 계속 반복합니다. 만일 아날로그 1번(왼쪽 빛 센서) 센서 값과 아날로그 4번(오른쪽 빛 센서) 센서 값이 130보다 크다면 붓의 색을 흰색으로 정합니다.

만일 2개의 빛 센서 값이 130보다 크다면 붓의 색을 흰색으로 바꿀 수 있도록 코드 수정하기

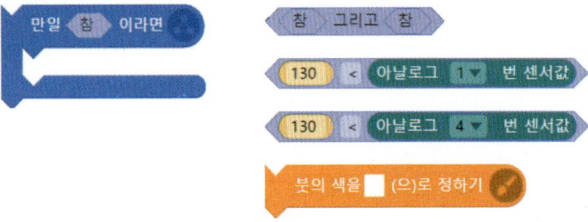

자율미션 예시 답안

'연필(1)' 오브젝트에 새로운 코드를 추가

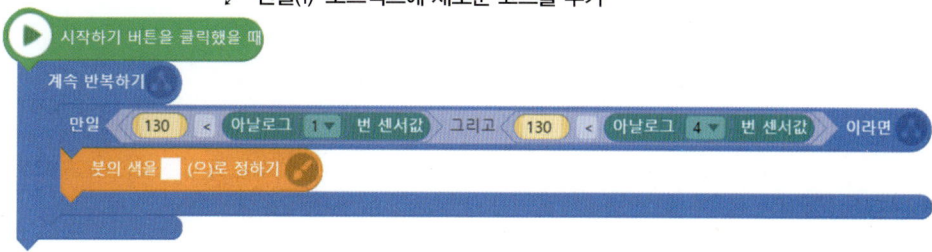

활동 보고하기

주제	요술 색연필(융합)	차시	11차시
		단계	응용

| 학습목표 | 1. 마우스를 움직여 붓 그리기를 할 수 있다.
2. 붓의 굵기를 슬라이더로 정할 수 있다.
3. 붓의 색깔을 버튼으로 바꿀 수 있다.
4. 소리 센서로 모든 붓을 지울 수 있다. |||
| 학년, 반, 번호 | ( )학년 ( )반 ( )번 | 이름 | |

★ 생각열기 ★

눈에는 익숙하고 손에선 획기적인.

1. 전자펜의 입력 원리에 대해 알아봅시다.

   펜의 입력 신호를 센서가 어떤 방식으로 감지하느냐에 따라 감압식, 정전식, 전자기유도식으로 나눕니다.

인식방법	감압식	정전식	전자기 유도식
입력도구	손가락 및 모든 도구	전용펜, 손가락	
용도	모니터, 노트북	휴대폰, 스마트패드	노트북, 디자인용 태블릿
특징	강한 압력을 가하면 화면이 고장나거나 흠집이 생길 수 있다.	펜과 손이 화면에 같이 닿으면 오류가 생길 수 있다.	손바닥이 스크린에 닿아도 입력이 되지 않는다.

2. 전자펜을 이용하는 기기에는 어떤 것이 있는지 생각해봅시다.

활동 보고하기

학년, 반, 번호	(　)학년 (　)반 (　)번	이름	

★정리하기★

요술 색연필로 좀 더 두꺼운 그림을 그리려면 블록의 어느 부분을 수정해야 할지 찾아봅시다. 또한 실제로 블록을 수정한 후에 작품을 실행시켜 봅시다.

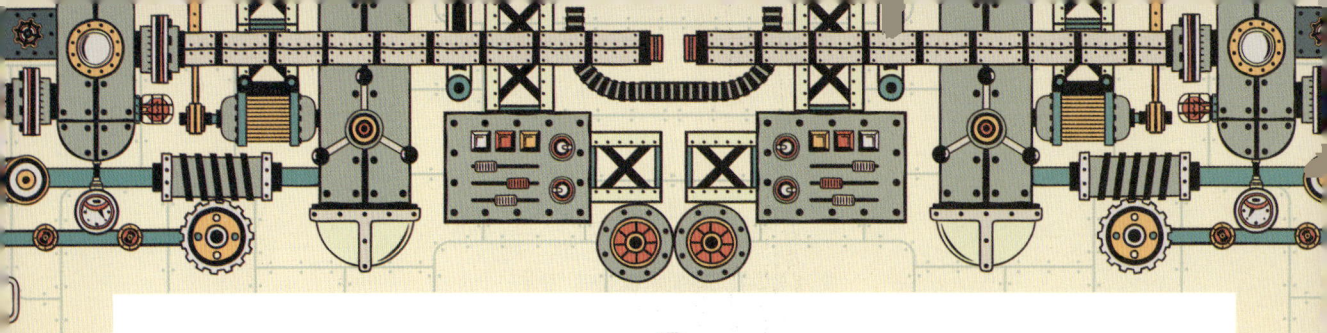

Chapter 12

미니 스캐너 만들기

URL: http://goo.gl/vqhLSm

E-센서보드의 거리 센서를 이용하여
미니 스캐너를 만들어볼까요?

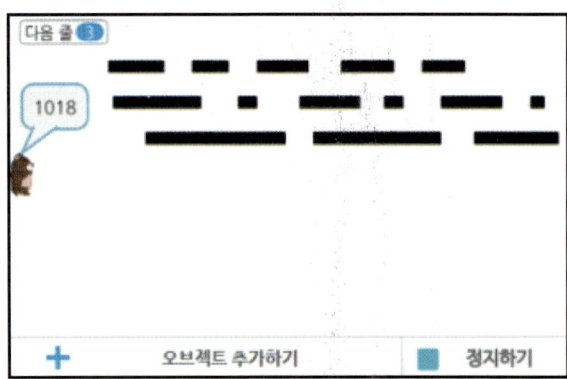

준비하기

● 준비물 살펴보기 ●

사진	용도	수량
	구글 크롬 브라우저	1
	엔트리 연결프로그램	1
	E-센서보드	1
	아두이노 UNO 보드	1
	USB 케이블(A-B)	1
	거리 센서	1
	점퍼 케이블(F/F, 10cm 또는 20cm)	3
	스캐너 선 프린트	1

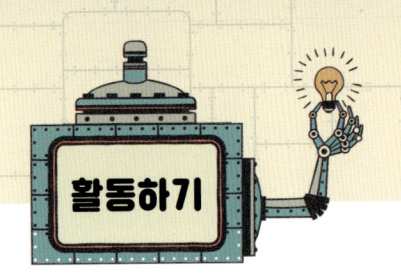

STEP 01 | 거리 센서로 선을 스캔할 수 있도록 코딩하기

01 점퍼 케이블(F/F)을 이용해 센서보드 좌측 하단에 있는 확장포트에 거리 센서를 연결합니다. 센서보드의 확장포트에 있는 흰색 점과 센서에 있는 흰색 점이 같은 방향을 향하도록 연결합니다.

TIP

좌측 하단은 아날로그 5번, 우측 하단은 아날로그 3번을 이용하게 됩니다. 거리 센서와 온도 센서를 센서보드에 있는 자 그림, 온도계 그림과 일치하게 연결할 필요는 없으며 아무 곳에 연결해도 사용 가능합니다.

02 [오브젝트 추가하기]를 눌러 '곰(1)' 오브젝트를 추가합니다.

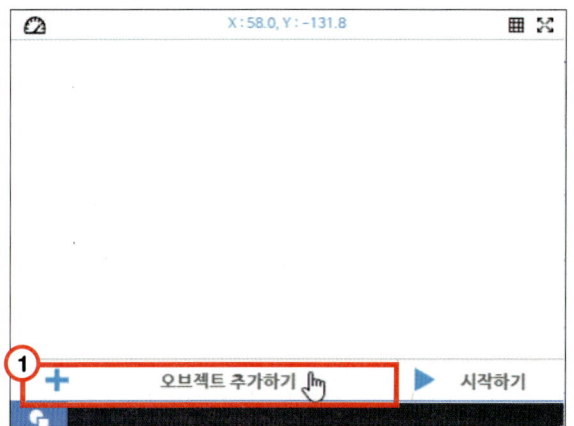 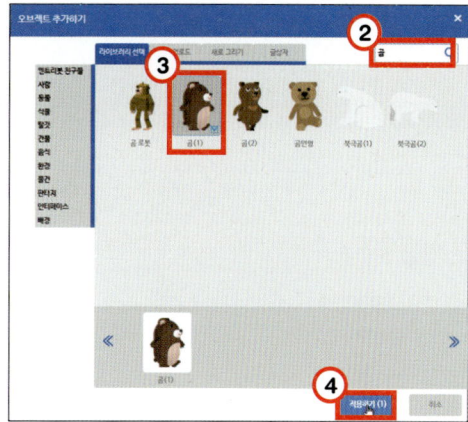

03 '곰(1)' 오브젝트의 크기를 30으로 변경합니다.

04 [속성]탭→변수추가→'다음 줄' 이름을 적고 확인을 누릅니다.

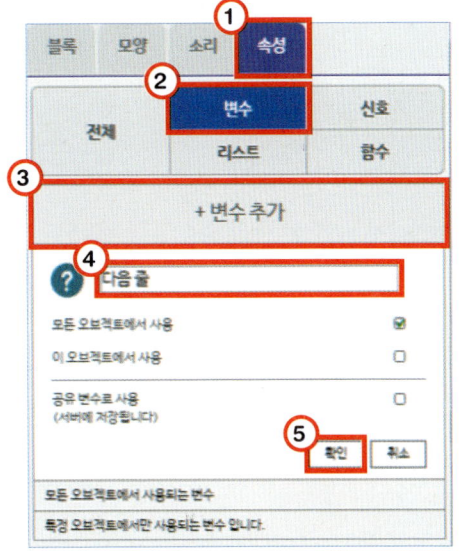

> **TIP**
> 변수는 수학에서 쓰이는 x, y와 같은 미지수 역할을 합니다. 어떻게 코딩하느냐에 따라 그 역할은 달라집니다. 변수를 추가하면 [자료]에 새로운 블록이 생성됩니다.

05 '곰(1)' 오브젝트를 눌러 아래와 같은 코드를 작성합니다. 시작하기를 누르면 '곰(1)' 오브젝트가 x: -230, y: 90 위치로 이동해 아날로그 5번(왼쪽 확장 포트에 연결된 거리 센서) 센서 값을 말하며 [다음 모양으로 바꾸기] 블록으로 인해 움직이는 것처럼 보이게 됩니다. 오른쪽 벽에 닿게 되면 그리기를 멈추고 '다음 줄' 변수에 1을 더한 후 x: -230, y: 90-('다음 줄' 변수 값 ×30)으로 이동합니다. 쉽게 말해 '곰(1)' 오브젝트가 바로 아랫줄로 이동하게 됩니다.

06 '곰(1)' 오브젝트를 눌러 아래와 같은 코드를 추가로 작성하고 작품을 저장합니다. '곰(1)' 오브젝트를 마우스로 클릭했을 때 만약 '300<아날로그 5번(왼쪽 확장 포트에 연결된 거리 센서) 센서 값'이라면 x좌표로 2씩 이동하면서 10의 굵기로 검은색 선을 그리게 되며, 아닐 경우에는 흰색 선을 그리게 됩니다. 그러다 만약 오른쪽 벽에 닿는다면 이 코드를 멈추고 다시 '곰(1)' 오브젝트를 마우스로 클릭할 때까지 대기하게 됩니다.

TIP

거리 센서는 주변 환경에 영향을 많이 받기 때문에 흰색(밝은색)에서 0~200, 검정색(어두운색)에서만 700~1000 정도의 값을 일정하게 갖고 다른 색에서는 값의 편차가 큰 편입니다. 지금은 아날로그 5번 센서 값을 300으로 기준을 정했지만 빛, 거리 센서의 종류, 프린트물의 색의 진하기 등 환경에 따라 값이 달라질 수 있습니다. 그러므로 작품을 완성한 후 거리 센서로 실행이 잘 안된다면 '곰(1)' 오브젝트가 말하는 거리 센서 값에 따라 붓의 색의 기준이 되는 값을 수정해주면 됩니다. 컴퓨터의 성능에 따라 '곰(1)' 오브젝트의 이동 속도가 너무 빠르거나 느릴 수 있습니다. 이때는 'x좌표를 2만큼 바꾸기'를 다른 값으로 변경해주면 됩니다.

STEP 02 | 작품 실행하기

01 거리 센서의 수광부, 발광부가 아래를 향하도록 잡아주고 스캐너 선 프린트의 약 1cm 위에 거리 센서가 놓이게 한 후 앞 방향으로 스캔해 주면 됩니다.

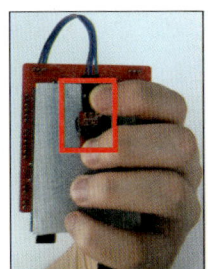 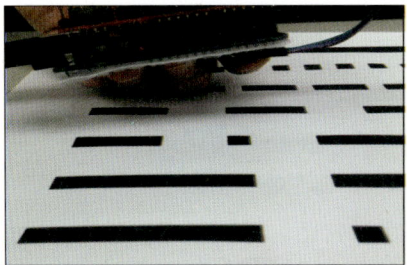 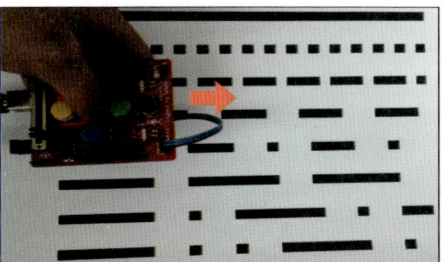

02 실행화면 아래에 있는 [시작하기]를 클릭합니다. 미니 스캐너가 잘 작동하는지 확인해봅시다.

★ 완성코드 ★

곰(1)

- 시작하기 버튼을 클릭했을 때
  - x: -230 y: 90 위치로 이동하기
  - 계속 반복하기
    - 아날로그 5번 센서값 을(를) 말하기
    - 다음 모양으로 바꾸기
    - 만일 오른쪽 벽에 닿았는가? 이라면
      - 그리기 멈추기
      - 다음 줄에 1 만큼 더하기
    - x: -230 y: 90 - 다음 줄 값 x 30 위치로 이동하기

- 오브젝트를 클릭했을 때
  - 계속 반복하기
    - 만일 300 < 아날로그 5번 센서값 이라면
      - x 좌표를 2 만큼 바꾸기
      - 그리기 시작하기
      - 붓의 색을 ■ (으)로 정하기
      - 붓의 굵기를 10 (으)로 정하기
      - 만일 오른쪽 벽에 닿았는가? 이라면
        - 이 코드 멈추기
    - 아니면
      - x 좌표를 2 만큼 바꾸기
      - 그리기 시작하기
      - 붓의 색을 □ (으)로 정하기
      - 붓의 굵기를 10 (으)로 정하기
      - 만일 오른쪽 벽에 닿았는가? 이라면
        - 이 코드 멈추기

CHAPTER 12 :: 미니 스캐너 만들기

활동 보고하기

주제	미니 스캐너 만들기(거리 센서)	차시	12차시
		단계	응용
학습목표	1. 변수를 이용해 오브젝트를 다음 줄로 이동시킬 수 있다. 2. 거리 센서의 값이 클 때 검은색 붓을 그리게 할 수 있다. 3. 검은색 붓을 그리지 않을 때에는 흰색 붓을 그리게 할 수 있다.		
학년, 반, 번호	( )학년 ( )반 ( )번	이름	

★ 생각열기 ★

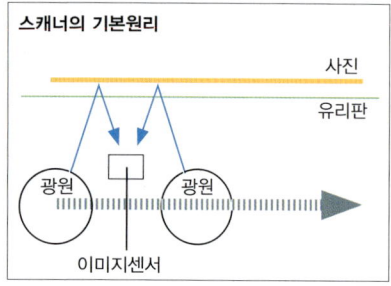

1. 스캐너의 원리에 대해 알아봅시다.

   스캐너는 이미지로부터 반사돼 온 빛의 정보를 광센서에서 아날로그 정보로 입력하고 이미지센서를 거쳐 아날로그 신호를 디지털 신호로 변환합니다. 이렇게 디지털 신호로 변환된 데이터를 이미지정보로 컴퓨터에 전송, 저장하게 되고 파일 형태로 보관하거나 프린터로 출력하게 됩니다.

2. _____란?

   디지털 이미지를 표현하는 최소 크기인 네모 모양의 작은 점들을 _____(Pixel)이라 합니다. _____은 영어로 그림(Picture)의 원소(Element)라는 뜻을 갖도록 만들어진 합성어로 우리말로는 _____라고 합니다. 100만화소 카메라, 200만화소 카메라 같은 말들이 바로 화소의 수를 의미하는 말입니다. 즉, 일반적으로 화소수가 클수록 카메라나 스캐너의 성능이 좋다고 볼 수 있습니다.

3. 이제는 2차원을 넘어서 3차원을 스캔할 수 있는 스캐너가 많이 사용되고 있습니다. 어떤 분야에서 활용이 가능할까요?

활동 보고하기

| 학년, 반, 번호 | ( )학년 ( )반 ( )번 | 이름 | |

★정리하기★

우리가 만든 미니 스캐너로 아래의 이미지를 빨리 읽거나 느리게 읽을 때 엔트리 화면에서 어떻게 나타날지 그려봅시다.

— 빠르게 읽을 때 표시되는 모양

— 느리게 읽을 때 표시되는 모양

13. E-센서로봇 만나기
14. E-센서로봇 기본 제어
15. 라인트레이서와 나만의 E-센서로봇

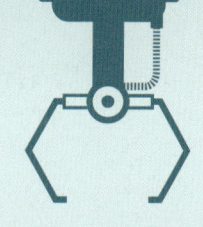

PART 03

E-센서로봇

E-센서로봇을 통해 센서를 활용할 수 있는 능력뿐만 아니라 한층 더 높은 수준의 피지컬 컴퓨팅 능력을 배양할 수 있습니다.

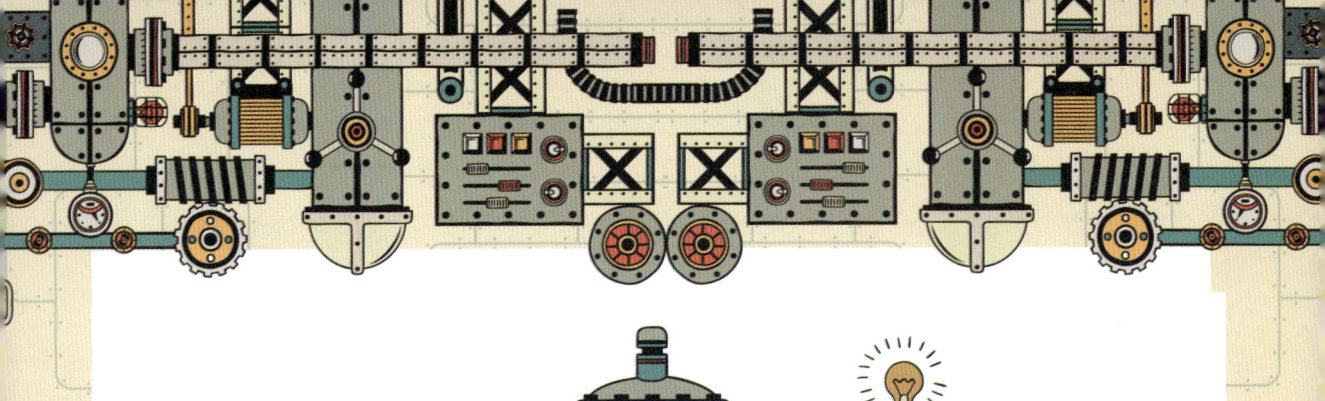

Chapter 13

센서로봇 만나기

URL: https://goo.gl/HD7Zgv

E-센서보드 로봇을 조립하고 기본 제어를 해볼까요?

준비하기

● 준비물 살펴보기 ●

사진	용도	수량
	구글 크롬 브라우저	1
	엔트리 연결프로그램	1
	E-센서보드	1
	아두이노 UNO 보드	1
	USB 케이블(A-B)	1
	점퍼 케이블(F/F, 10cm 또는 20cm)	6
	거리 센서	2
	로봇몸체	1

사진	용도	수량
	벨크로(보실이)	1
	벨크로(까실이)	1
	E-블루투스	1
	E-동글	1
	로봇바퀴	1
	타이어	1
	배터리 홀더 스냅형(어댑터)	1
	듀라셀 혹은 에너자이저 9V 건전지 (DC모터 사용 시 필수)	1

STEP 01 | E-센서로봇 조립하기

01 흰색 벨크로(사각, 까실이)는 로봇 몸체에 검은색 벨크로(사각, 보실이)는 아두이노에 붙여줍니다. 아두이노의 바닥 아랫부분의 중앙에 있는 핀에 손이 닿아 단선이 되는 것을 방지하기 위해 아랫부분이 충분히 가려지도록 붙여줍니다.

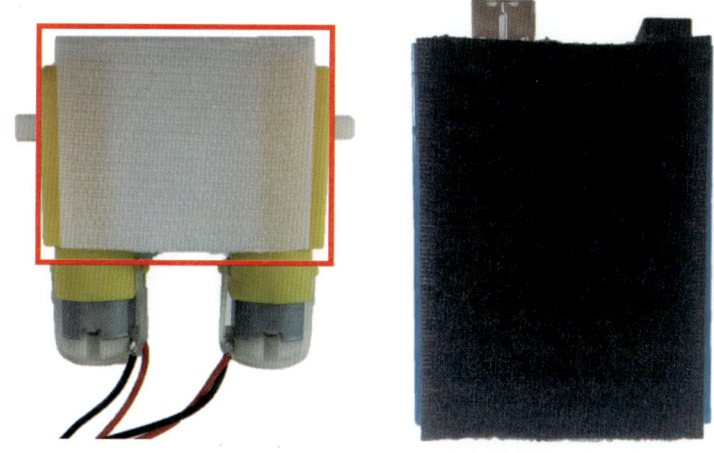

02 아두이노에는 센서보드를, 로봇 몸체에는 바퀴를 결합합니다. 벨크로를 이용하여 아두이노의 케이블을 연결하는 곳(센서보드의 슬라이더가 있는 방향)과 노랑모터의 전선이 있는 방향을 맞춰 붙여줍니다.

03 모터1을 센서보드 기판의 1에 꽂아주고, 모터2는 2에 꽂아줍니다. 검은색 선은 −, 빨간색 선은 +입니다.

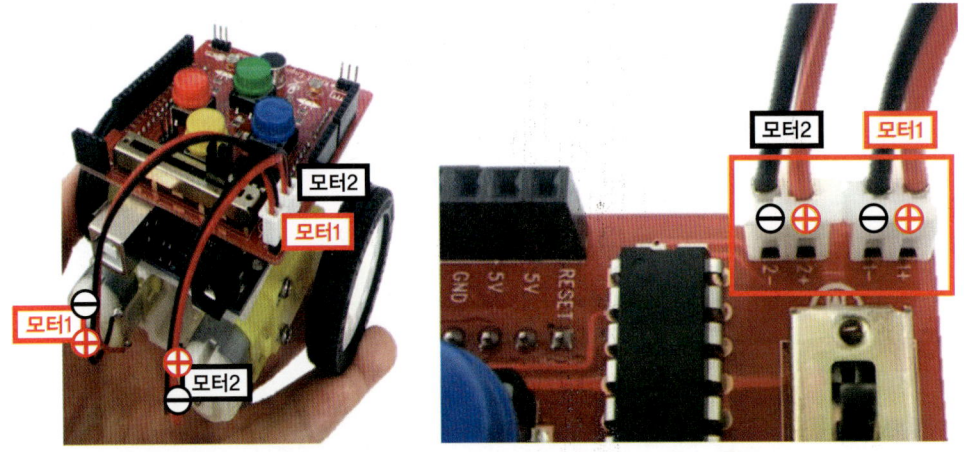

04 블루투스 모듈을 사진과 같이 흰색 점이 있는 같은 방향에 주의하여 센서보드에 끼워줍니다. 전원 공급 시 블루투스 모듈에 불이 들어와야 올바른 방향으로 연결한 것입니다.

05 거리 센서 2개를 점퍼 케이블(F/F)을 이용해 센서보드 하단에 있는 확장포트에 2군데에 모두 연결합니다. 센서보드의 확장포트에 있는 흰색 점과 센서에 있는 흰색 점이 같은 방향을 향하도록 연결합니다.

좌측 하단에 있는 확장포트는 아날로그 5번을, 우측 하단에 있는 확장포트는 아날로그 3번을 이용합니다.

06 센서보드에 연결한 거리 센서를 수광부, 발광부가 바닥을 향하게 로봇 몸체 앞에 꽂아주고 9V 건전지는 배터리 홀더 스냅형에 끼워 로봇 몸체 뒤에 넣어줍니다. 건전지 전원선은 아직 연결하지 않습니다.

듀라셀이나 에너자이서 건전지가 아니면 출력이 부족할 수 있습니다.

07 아두이노를 USB 케이블로 컴퓨터에 연결해줍니다. 거리 센서에서 빛이 나고 블루투스 모듈의 불이 깜박이는지 확인합니다.

STEP 02 | E-센서로봇 무선연결 펌웨어 업로드하기

01 USB 케이블로 E-센서로봇을 연결합니다.

02 엔트리 하드웨어 프로그램을 실행합니다. 관리자 권한으로 실행할 것을 권장합니다.

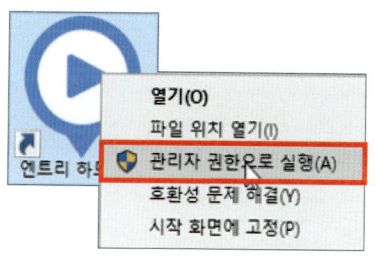

03 엔트리 하드웨어 연결프로그램을 실행 후 [E-센서 보드(유선연결)]을 선택합니다.

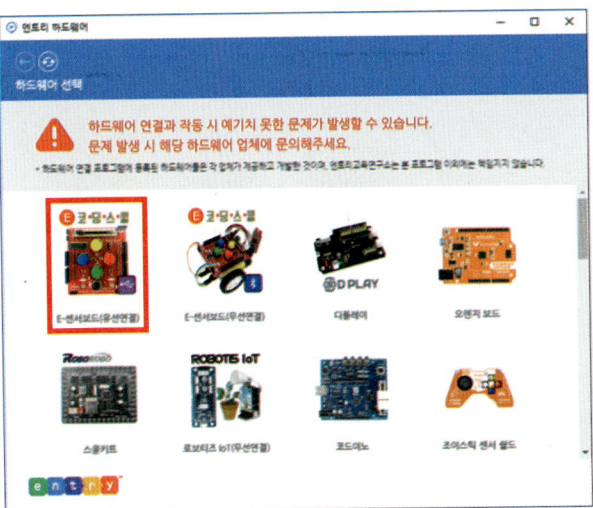

04 [아두이노 호환보드 드라이버]를 누릅니다. 이 드라이버는 아두이노 UNO 호환보드의 드라이버입니다.

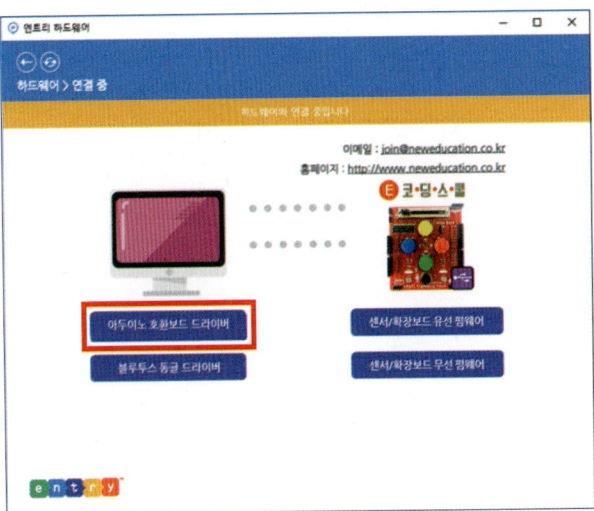

05 [INSTALL] 버튼을 누르고 기다리면 "Driver install success!"라는 메시지를 볼 수 있습니다. "확인"을 누른 후, DriverSetup(X64) 창을 끕니다.

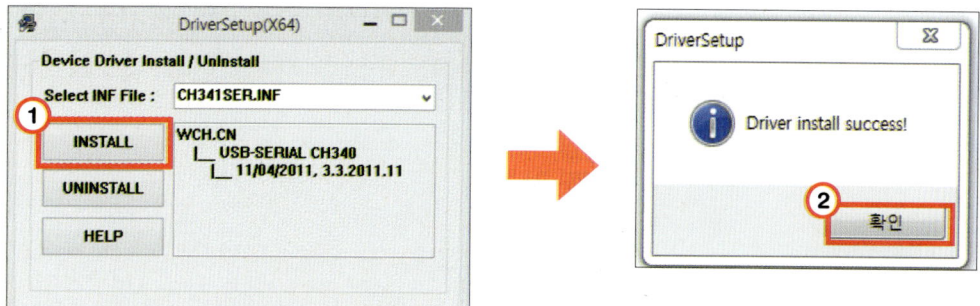

06 '펌웨어를 선택해 주세요'라는 문구가 뜨면 [센서/확장보드 유선 펌웨어]를 누르고 설치가 완료될 때까지 기다립니다.

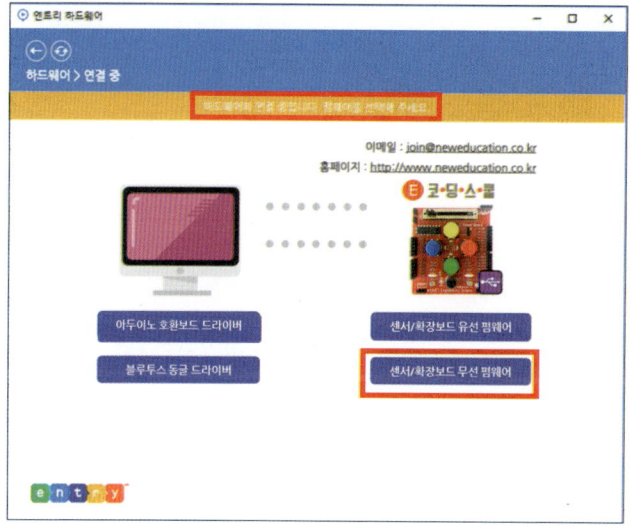

업로드 할 때에 아두이노 프로그램은 켜져 있으면 안 됩니다.

07 그러면 '펌웨어 업로드 중입니다'에서 순식간에 '펌웨어가 업로드 되었습니다'로 바뀌고 다시 '펌웨어를 선택해주세요'와 '연결 중'이라는 문구가 뜹니다(이는 펌웨어가 정상적으로 업로드 됐다는 것이니 착오없기를 바랍니다). 이제 뒤로 가기 화살표를 눌러서 홈 화면으로 나옵니다.

TIP

아두이노의 마이크로 컨트롤러에 센서보드를 작동하기 위한 명령을 넣는 과정입니다. 마이크로 컨트롤러는 사람으로 치면 '뇌'와 같은 부분으로 장치, 통신, 프로세서 제어 등 여러 가지로 기기를 제어할 수 있습니다. 마이크로 컨트롤러에 한 번 명령을 넣으면 새로운 명령을 넣어주기 전까지 계속 기억하고 동작하므로, 펌웨어 설치 후 재설치하지 않아도 됩니다.

STEP 03 | E-센서로봇 블루투스 동글 드라이버 확인하기

01 블루투스 동글을 컴퓨터의 USB 포트에 연결한 후 E-센서로봇의 블루투스 모듈을 블루투스 동글에 가까이 가져다 댑니다. 그러면 자동으로 연결이 되고 깜빡이던 불빛이 계속 켜져 있게 됩니다.

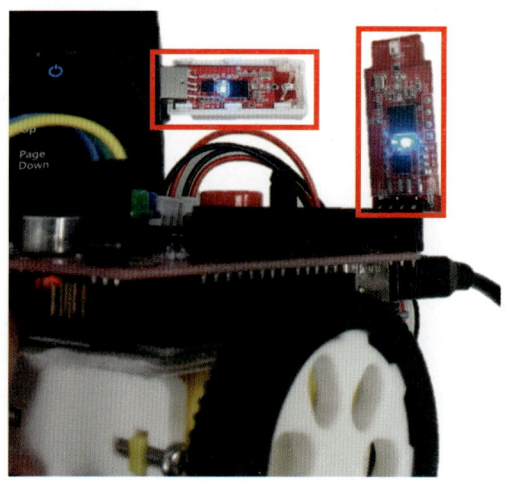

> **TIP**
> 블루투스 동글로부터 블루투스 모듈이 10cm~30cm 이내의 거리에 있다면 자동으로 연결이 됩니다. 간혹 블루투스 동글이 내 블루투스 모듈이 아닌 다른 사람의 블루투스 모듈과 연결될 경우가 있습니다. 이때에는 블루투스 동글이나 블루투스 모듈 둘 중 하나를 빼면 전원이 차단되어 연결을 끊을 수 있습니다. 그러면 몇 초 후에 블루투스 동글과 블루투스 모듈의 불빛이 다시 깜박여 연결 전 상태로 되돌아간 것을 알 수 있습니다.

02 컴퓨터에 블루투스 동글 드라이버가 자동으로 설치되지 않았을 경우 [블루투스 동글 드라이버]를 먼저 설치합니다. 이 드라이버는 빨간색 신형 블루투스 동글 드라이버입니다.

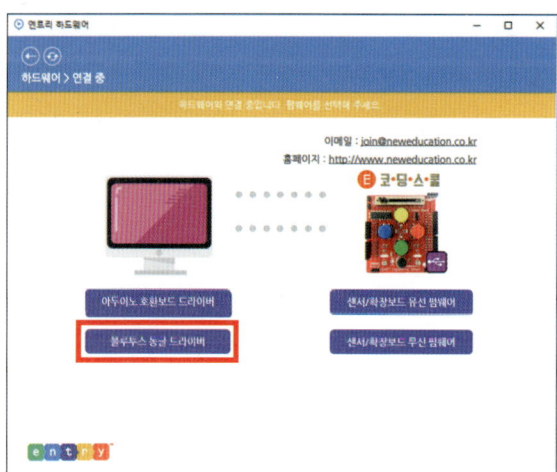

03 시작 메뉴에서 마우스 우클릭→장치 관리자 또는 제어판→장치 관리자를 열어줍니다. 또는 제어판에 있는 장치관리자로 들어갑니다.

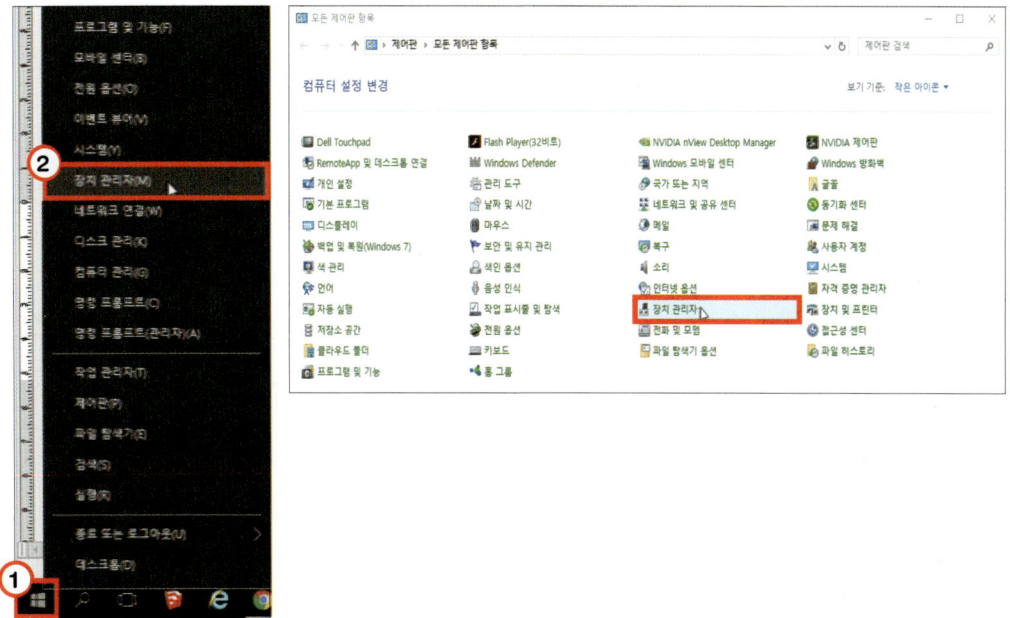

04 장치 관리자→포트→Sillcon Labs CP210x USB to UART Bridge 동글 포트 번호를 확인합니다.

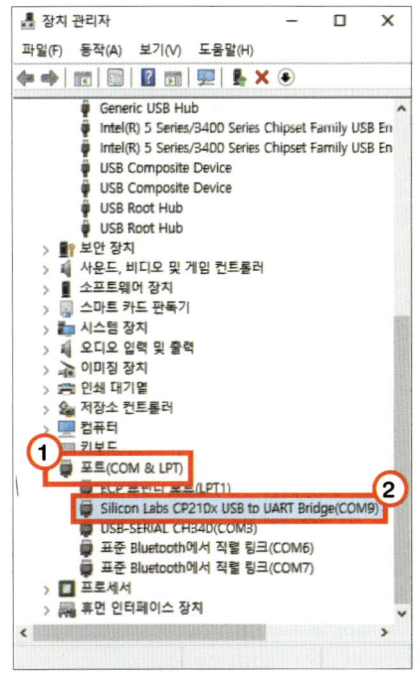

STEP 04 | E-센서보드 로봇 엔트리 하드웨어 프로그램으로 무선연결하기

01 엔트리 하드웨어 프로그램에서 [E-센서보드(무선연결)]을 선택→자신의 동글 포트 번호를 선택합니다.

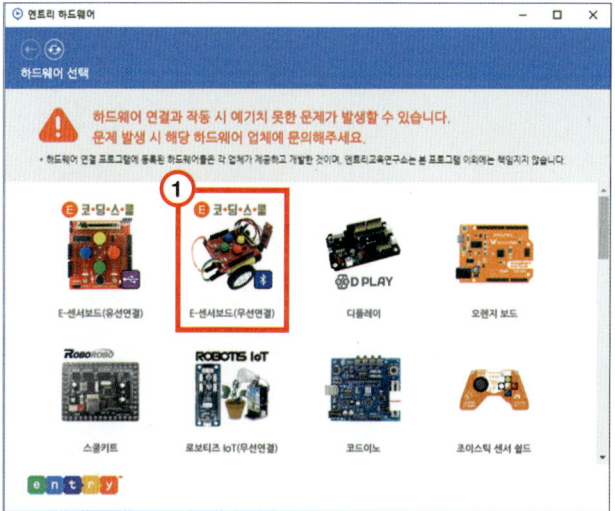

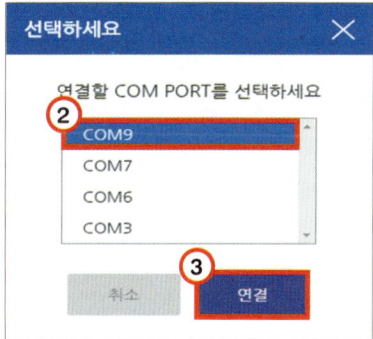

TIP
업로드할 때에는 아두이노 프로그램은 켜져 있으면 안 됩니다.

02 연결프로그램 창 상단에 '연결 성공'과 '하드웨어와 연결되었습니다'라는 메시지가 뜹니다.

TIP
연결프로그램은 센서로봇을 연결하는 동안 그대로 켜 두어야 합니다. 창을 끄지 마세요. 만약 계속 '연결중'이라는 메시지가 뜬다면 아두이노의 가장자리에 있는 리셋버튼을 한 번만 눌러주면 됩니다.

03 엔트리 창을 켜고, 블록꾸러미의 [하드웨어] 카테고리에서 [하드웨어 연결하기]를 누릅니다.

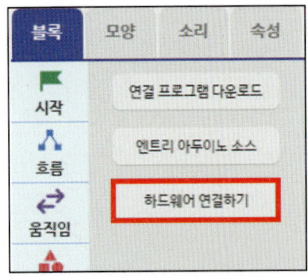

04 엔트리와 센서로봇이 무선연결되고, 관련 블록들이 생겨났습니다.

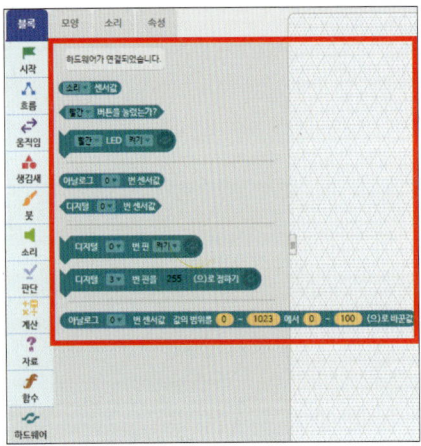

05 마지막으로 건전지 전원선을 꽂아준 후 USB 케이블을 빼주면 됩니다. 하지만 코딩을 하는 동안 건전지가 소모될 수 있으므로 전원 공급은 USB 케이블을 이용하고 작품을 실행할 때에만 건전지를 연결할 것을 권장합니다.

블루투스 모듈은 USB 케이블의 전원만 있어도 꺼지지 않습니다. 엔트리 하드웨어 프로그램은 계속 켜 두어야 합니다.

활동 보고하기

주제	센서로봇 조립 및 기본 제어(무선연결)	차시	13~14차시
		단계	응용
학습목표	1. 센서로봇을 조립하여 무선연결 할 수 있다. 2. 센서로봇을 키보드로 제어할 수 있다. 3. 센서로봇을 소리 센서로 움직일 수 있다. 4. 센서로봇을 빛 센서로 제어할 수 있다.		
학년, 반, 번호	( )학년 ( )반 ( )번	이름	

★ 생각열기 ★

1. 센서로봇의 구조에 대해 알아봅시다.

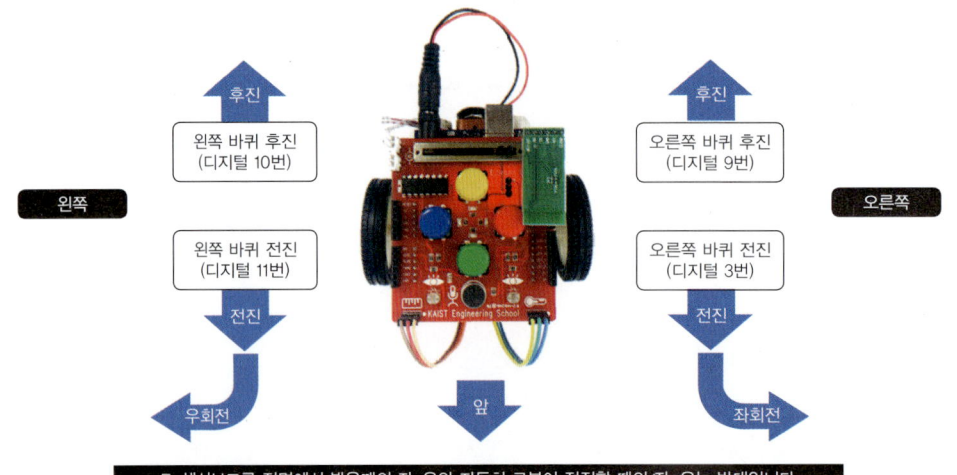

2. 무선조종로봇의 원리를 알아봅시다.

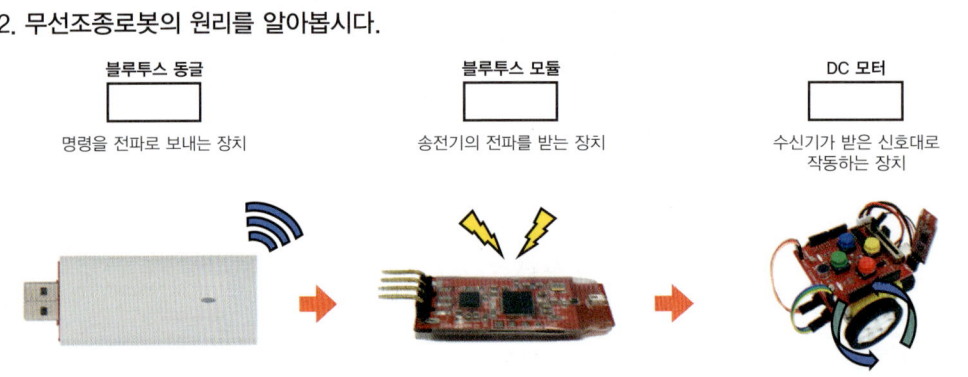

활동 보고하기

학년, 반, 번호	( )학년 ( )반 ( )번	이름	

★정리하기★

센서로봇을 키보드의 방향키와 스페이스바로 제어하려 할 때 다음 빈 칸에 알맞은 키를 적어보세요.

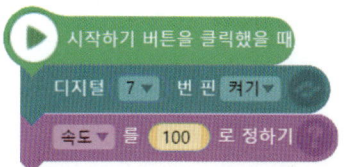

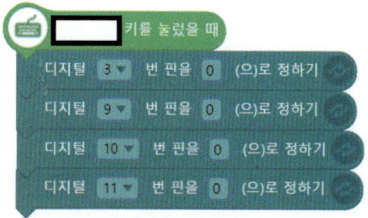

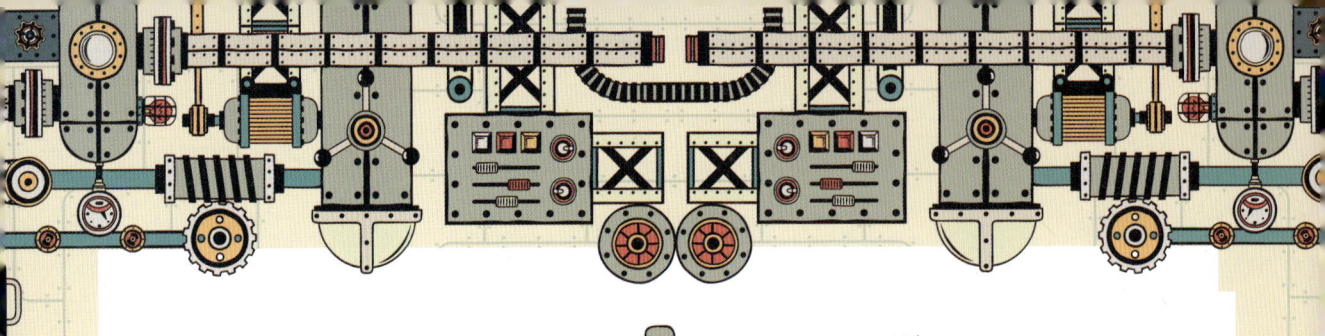

Chapter 14
센서로봇 조립 및 기본 제어

URL: https://goo.gl/HD7Zgv

E-센서보드 로봇을 조립하고 기본 제어를 해볼까요?

준비하기

● 준비물 살펴보기 ●

사진	용도	수량
	구글 크롬 브라우저	1
	엔트리 연결프로그램	1
	E-센서보드	1
	아두이노 UNO 보드	1
	USB 케이블(A-B)	1
	점퍼 케이블(F/F, 10cm 또는 20cm)	6
	거리 센서	2
	로봇몸체	1

사진	용도	수량
	벨크로(보실이)	1
	벨크로(까실이)	1
	E-블루투스	1
	E-동글	1
	로봇바퀴	1
	타이어	1
	배터리 홀더 스냅형(어댑터)	1
	듀라셀 혹은 에너자이저 9V 건전지 (DC모터 사용 시 필수)	1

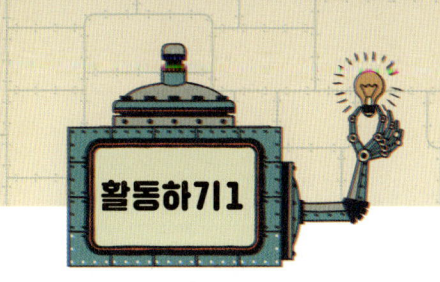

활동하기 1

STEP 01 | 센서로봇을 키보드로 제어할 수 있도록 코딩하기

01 [오브젝트 추가하기]→파일 업로드→파일추가를 누릅니다.

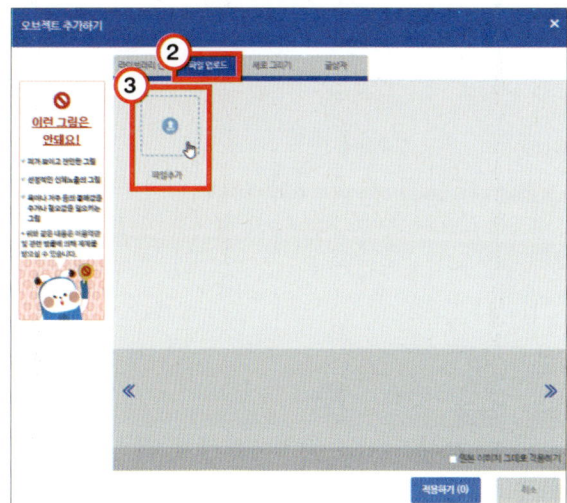

02 센서보드 이미지자료₩오브젝트 추가₩'E-센서보드 로봇' 파일을 열어 마우스 왼쪽 버튼으로 대상 클릭→적용하기로 오브젝트를 추가합니다.

03 'E-센서보드 로봇' 오브젝트의 크기를 200으로 변경합니다.

04 [속성]탭→변수추가→'속도' 이름을 적고 확인을 누릅니다.

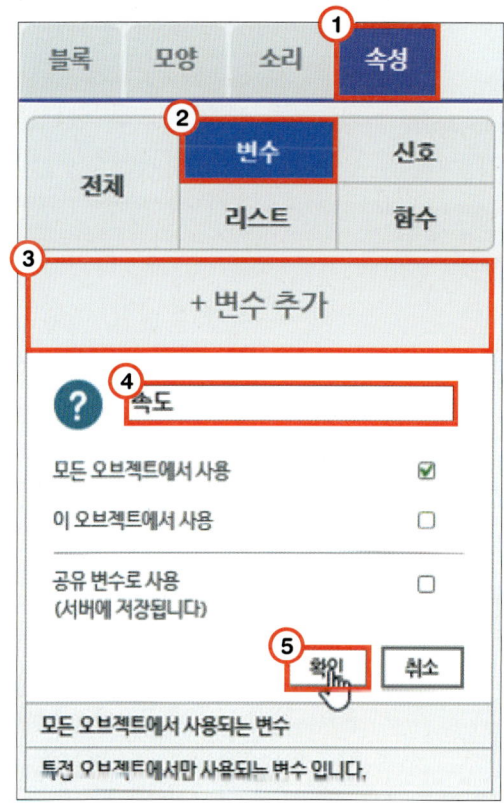

변수는 수학에서 쓰이는 x, y와 같은 미지수 역할을 합니다. 어떻게 코딩하느냐에 따라 그 역할은 달라집니다. 변수를 추가하면 [자료]에 새로운 블록이 생성됩니다.

05 'E-센서보드 로봇' 오브젝트를 눌러 아래와 같은 코드를 작성합니다. 시작하기 버튼을 클릭했을 때 디지털 7번(DC모터 ON/OFF)를 켜고 '속도' 변수를 100으로 정합니다. '속도' 변수 값에 따라 DC모터의 PWM 출력이 변화해 0~150까지 로봇의 이동속도를 변화시킬 수 있습니다. 스페이스 키를 눌렀을 때 디지털 3번 핀, 디지털 9번 핀, 디지털 10번 핀, 디지털 11번 핀을 0으로 정합니다. 이를 통해 스페이스 키를 누르면 센서로봇의 양쪽 바퀴가 멈춰 정지하게 됩니다.

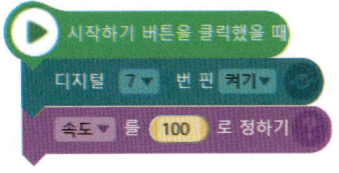 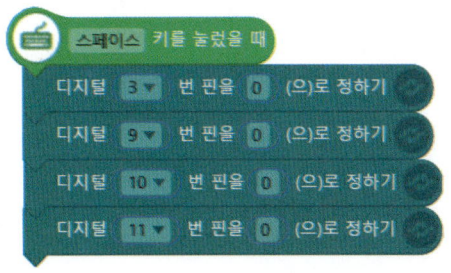

TIP

E-센서보드를 정면에서 봤을 때의 좌, 우와 센서로봇이 전진할 때의 좌, 우는 반대입니다. 센서로봇은 디지털 3번: 오른쪽 바퀴 전진, 디지털 9번: 오른쪽 바퀴 후진, 디지털 10번: 왼쪽 바퀴 후진, 디지털 11번: 왼쪽 전진입니다.

06 'E-센서보드 로봇' 오브젝트를 눌러 아래와 같은 코드를 추가로 작성합니다. 위쪽 화살표 키를 눌렀을 때 디지털 3번 핀, 디지털 11번 핀을 '속도' 변수 값으로 정하고 디지털 9번 핀, 디지털 10번 핀을 0으로 정합니다. 이를 통해 위쪽 화살표 키를 누르면 센서로봇의 양쪽 바퀴가 앞으로 움직여 전진하게 됩니다. 아래쪽 화살표 키를 눌렀을 때 디지털 9번 핀, 디지털 10번 핀을 '속도' 변수 값으로 정하고 디지털 3번 핀, 디지털 11번 핀을 0으로 정합니다. 이를 통해 아래쪽 화살표 키를 누르면 센서로봇의 양쪽 바퀴가 뒤로 움직여 후진하게 됩니다.

07 'E-센서보드 로봇' 오브젝트를 눌러 아래와 같은 코드를 추가로 작성하고 작품을 저장합니다. 왼쪽 화살표 키를 눌렀을 때 디지털 11번 핀을 '속도' 변수 값으로 정하고 디지털 3번 핀, 디지털 9번 핀, 디지털 10번 핀을 0으로 정합니다. 이를 통해 왼쪽 화살표 키를 누르면 센서로봇의 오른쪽 바퀴만 앞으로 움직여 좌회전하게 됩니다. 오른쪽 화살표 키를 눌렀을 때 디지털 3번 핀을 '속도' 변수 값으로 정하고 디지털 9번 핀, 디지털 10번 핀, 디지털 11번 핀을 0으로 정합니다. 이를 통해 오른쪽 화살표 키를 누르면 센서로봇의 왼쪽 바퀴만 앞으로 움직여 우회전하게 됩니다.

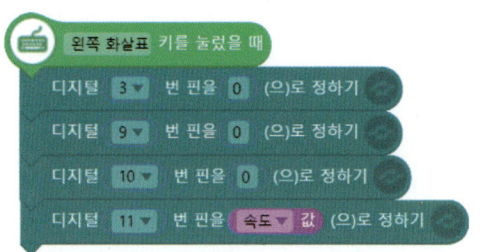 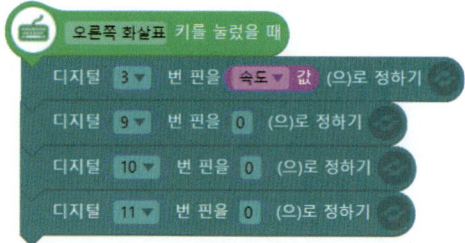

STEP 02 | 작품 실행하기

- 실행화면 아래에 있는 [시작하기]를 클릭합니다. 소리 센서에 바람을 불어 센서로봇을 제어해 봅시다.

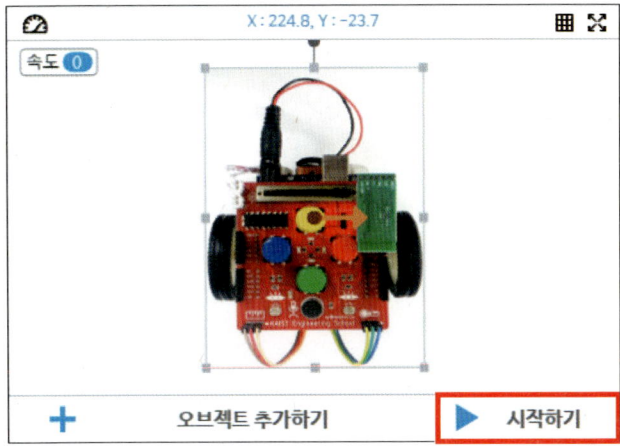

★ 완성코드1 ★

E-센서보드 로봇

시작하기 버튼을 클릭했을 때
- 디지털 7 번 핀 켜기
- 속도를 100 로 정하기

스페이스 키를 눌렀을 때
- 디지털 3 번 핀을 0 (으)로 정하기
- 디지털 9 번 핀을 0 (으)로 정하기
- 디지털 10 번 핀을 0 (으)로 정하기
- 디지털 11 번 핀을 0 (으)로 정하기

위쪽 화살표 키를 눌렀을 때
- 디지털 3 번 핀을 속도 값 (으)로 정하기
- 디지털 9 번 핀을 0 (으)로 정하기
- 디지털 10 번 핀을 0 (으)로 정하기
- 디지털 11 번 핀을 속도 값 (으)로 정하기

아래쪽 화살표 키를 눌렀을 때
- 디지털 3 번 핀을 0 (으)로 정하기
- 디지털 9 번 핀을 속도 값 (으)로 정하기
- 디지털 10 번 핀을 속도 값 (으)로 정하기
- 디지털 11 번 핀을 0 (으)로 정하기

왼쪽 화살표 키를 눌렀을 때
- 디지털 3 번 핀을 0 (으)로 정하기
- 디지털 9 번 핀을 0 (으)로 정하기
- 디지털 10 번 핀을 0 (으)로 정하기
- 디지털 11 번 핀을 속도 값 (으)로 정하기

오른쪽 화살표 키를 눌렀을 때
- 디지털 3 번 핀을 속도 값 (으)로 정하기
- 디지털 9 번 핀을 0 (으)로 정하기
- 디지털 10 번 핀을 0 (으)로 정하기
- 디지털 11 번 핀을 0 (으)로 정하기

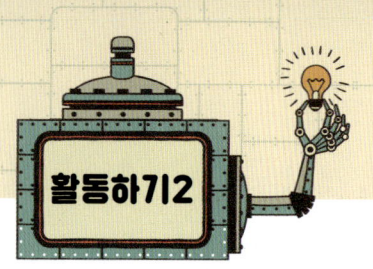

STEP 01 | 센서로봇에 바람을 불면 앞으로 갈 수 있도록 코딩하기

01 다른 작품을 만들기 위해 만들었던 작품의 실행화면 상단에 있는 탭을 마우스 우클릭→복제하기로 추가해주고 제목을 '소리센서 제어'로 변경해줍니다.

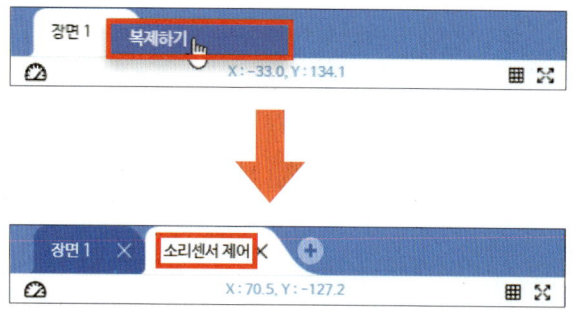

> **TIP**
> 복제하기로 탭을 추가하면 기존 작품의 오브젝트와 코드 등이 모두 복사됩니다. +모양을 눌러 탭을 추가할 경우에는 아무것도 없는 새로운 탭이 추가됩니다. 이 상태로 [저장하기]를 누르면 한 개의 파일에 여러 개의 작품이 포함되어 저장이 됩니다.

02 'E-센서보드 로봇' 오브젝트를 눌러 아래와 같은 코드를 추가로 작성하고 작품을 저장합니다. 시작하기 버튼을 클릭했을 때 다음 내용을 계속 반복합니다. 만일 아날로그 0번(소리 센서) 센서 값이 100보다 크다면 디지털 3번 핀, 디지털 11번 핀을 '속도' 변수 값으로 정하고 디지털 9번 핀, 디지털 10번 핀을 0으로 정한 후 1초 기다립니다. 그렇지 않다면 디지털 3번 핀, 디지털 9번 핀, 디지털 10번 핀, 디지털 11번 핀을 0으로 정합니다. 이를 통해 소리 센서에 바람을 불면 센서로봇의 양쪽 바퀴가 앞으로 움직여 1초 동안 전진하고, 그렇지 않으면 센서로봇의 양쪽 바퀴가 멈춰 정지하게 됩니다.

✎ 'E-센서보드 로봇' 오브젝트에 새로운 코드를 추가

TIP
E-센서보드를 정면에서 봤을 때의 좌, 우와 센서로봇이 전진할 때의 좌, 우는 반대입니다. 센서로봇은 디지털 3번: 오른쪽 바퀴 전진, 디지털 9번: 오른쪽 바퀴 후진, 디지털 10번: 왼쪽 바퀴 후진, 디지털 11번: 왼쪽 바퀴 전진입니다.

- 실행화면 아래에 있는 [시작하기]를 클릭합니다. 소리 센서에 바람을 불어 센서로봇을 제어해 봅시다.

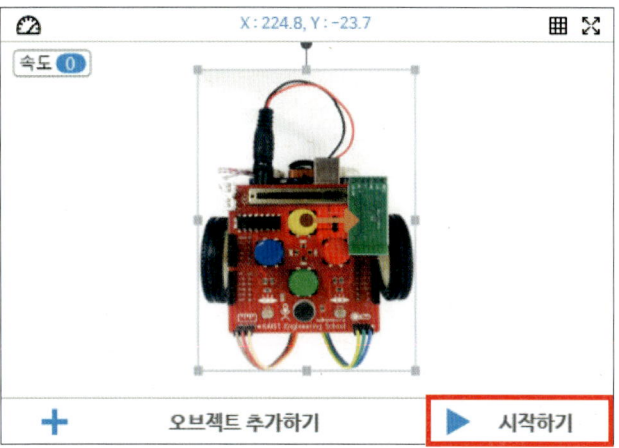

★ 완성코드2 ★

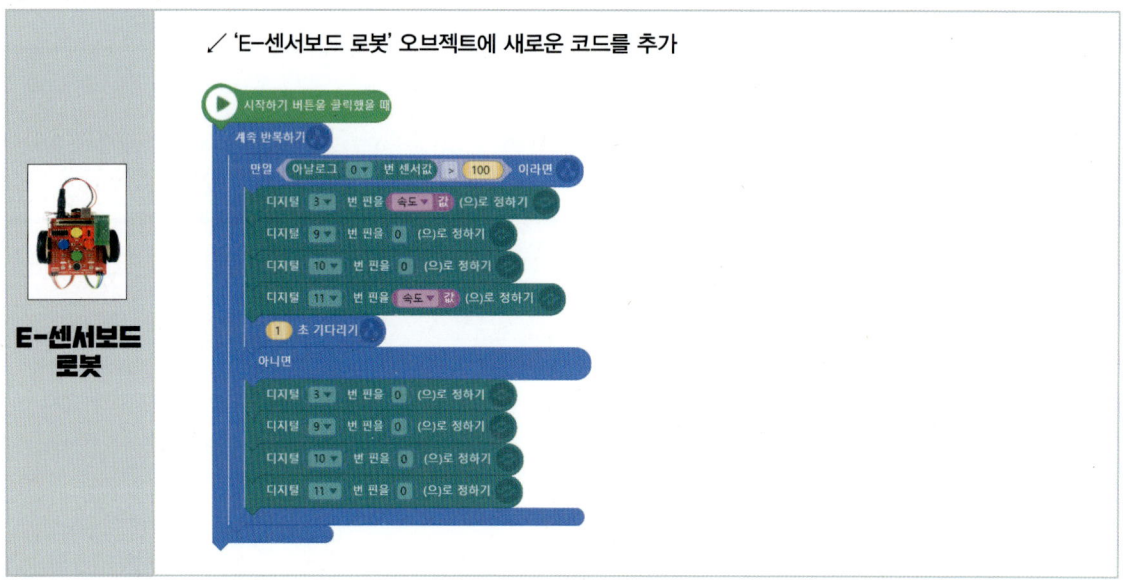

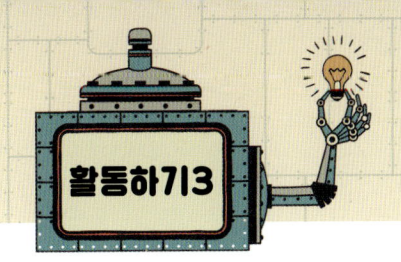

STEP 01 | 센서로봇에 바람을 불면 앞으로 갈 수 있도록 코딩하기

01 다른 작품을 만들기 위해 만들었던 작품의 실행화면 상단에 있는 탭을 마우스 우클릭→복제하기로 추가해주고 제목을 '빛센서 제어'로 변경해줍니다.

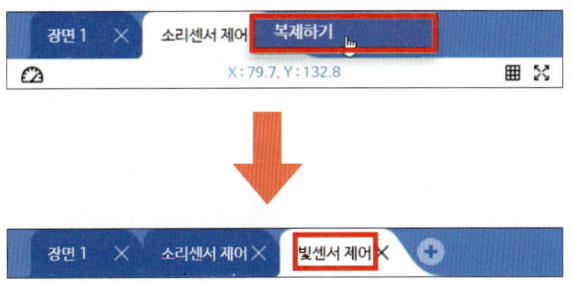

TIP

복제하기로 탭을 추가하면 기존 작품의 오브젝트와 코드 등이 모두 복사됩니다. +모양을 눌러 탭을 추가할 경우에는 아무것도 없는 새로운 탭이 추가됩니다. 이 상태로 [저장하기]를 누르면 한 개의 파일에 여러 개의 작품이 포함되어 저장이 됩니다.

02 'E-센서보드 로봇' 오브젝트를 눌러 아래와 같은 코드를 추가로 작성합니다. 시작하기 버튼을 클릭했을 때 다음 내용을 계속 반복합니다. 만일 아날로그 1번(왼쪽 빛 센서) 센서 값과 아날로그 4번(오른쪽 빛 센서) 센서 값이 모두 130보다 크다면 디지털 3번 핀, 디지털 11번 핀을 '속도' 변수 값으로 정하고 디지털 9번 핀, 디지털 10번 핀을 0으로 정합니다. 이를 통해 2개의 빛 센서를 모두 가리면 센서로봇의 양쪽 바퀴가 앞으로 움직여 전진하게 됩니다.

✓ 'E-센서보드 로봇' 오브젝트에 새로운 코드를 추가

TIP
E-센서보드를 정면에서 봤을 때의 좌, 우와 센서로봇이 전진할 때의 좌, 우는 반대입니다. 센서로봇은 디지털 3번: 오른쪽 바퀴 전진, 디지털 9번: 오른쪽 바퀴 후진, 디지털 10번: 왼쪽 바퀴 후진, 디지털 11번: 왼쪽 바퀴 전진 입니다.

03 'E-센서보드 로봇' 오브젝트를 눌러 아래와 같은 코드를 추가로 작성합니다. 시작하기 버튼을 클릭했을 때 다음 내용을 계속 반복합니다. 만일 아날로그 1번(왼쪽 빛 센서) 센서 값이 130보다 작고, 아날로그 4번(오른쪽 빛 센서) 센서 값이 130보다 크다면 디지털 11번 핀을 '속도' 변수 값으로 정하고 디지털 3번 핀, 디지털 9번 핀, 디지털 10번 핀을 0으로 정합니다. 이를 통해 오른쪽 빛 센서만 가리면 센서로봇의 왼쪽 바퀴만 앞으로 움직여 좌회전하게 됩니다.

✓ 'E-센서보드 로봇' 오브젝트에 새로운 코드를 추가

04 'E-센서보드 로봇' 오브젝트를 눌러 아래와 같은 코드를 추가로 작성하고 작품을 저장합니다. 시작하기 버튼을 클릭했을 때 다음 내용을 계속 반복합니다. 만일 아날로그 1번(왼쪽 빛 센서) 센서 값이 130보다 크고, 아날로그 4번(오른쪽 빛 센서) 센서 값이 130보다 작다면 디지털 3번 핀을 '속도' 변수 값으로 정하고 디지털 9번 핀, 디지털 10번 핀, 디지털 11번 핀을 0으로 정합니다. 이를 통해 왼쪽 빛 센서만 가리면 센서로봇의 오른쪽 바퀴만 앞으로 움직여 우회전하게 됩니다.

/ 'E-센서보드 로봇' 오브젝트에 새로운 코드를 추가

작품 실행하기

- 실행화면 아래에 있는 [시작하기]를 클릭합니다. 빛 센서를 이용해 센서로봇을 제어해봅시다.

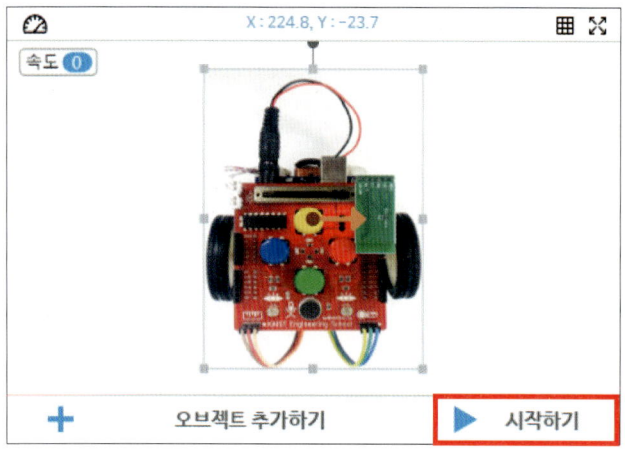

★ 완성코드3 ★

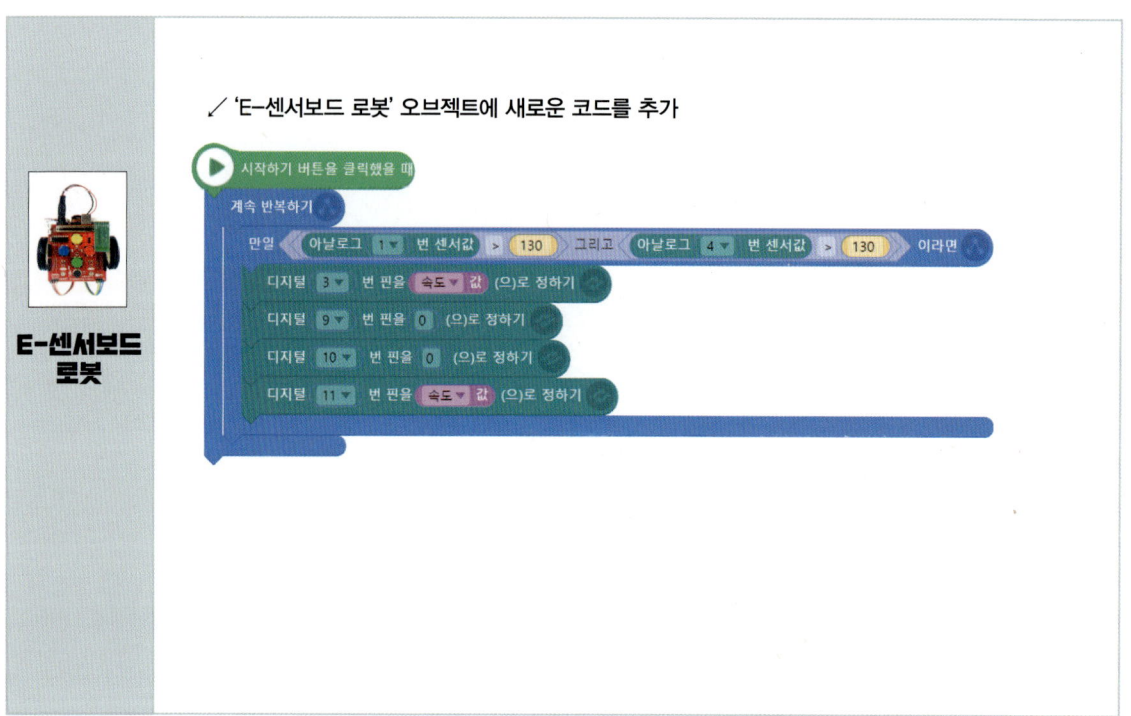

E-센서보드 로봇

```
▶ 시작하기 버튼을 클릭했을 때
계속 반복하기
  만일 < 아날로그 1▼ 번 센서값 < 130 > 그리고 < 아날로그 4▼ 번 센서값 > 130 > 이라면
    디지털 3▼ 번 핀을 0 (으)로 정하기
    디지털 9▼ 번 핀을 0 (으)로 정하기
    디지털 10▼ 번 핀을 0 (으)로 정하기
    디지털 11▼ 번 핀을 속도▼ 값 (으)로 정하기
```

```
▶ 시작하기 버튼을 클릭했을 때
계속 반복하기
  만일 < 아날로그 1▼ 번 센서값 > 130 > 그리고 < 아날로그 4▼ 번 센서값 < 130 > 이라면
    디지털 3▼ 번 핀을 속도▼ 값 (으)로 정하기
    디지털 9▼ 번 핀을 0 (으)로 정하기
    디지털 10▼ 번 핀을 0 (으)로 정하기
    디지털 11▼ 번 핀을 0 (으)로 정하기
```

활동 보고하기

주제	센서로봇 조립 및 기본 제어(무선연결)	차시	13~14차시
		단계	응용
학습목표	1. 센서로봇을 조립하여 무선연결 할 수 있다. 2. 센서로봇을 키보드로 제어할 수 있다. 3. 센서로봇을 소리 센서로 움직일 수 있다. 4. 센서로봇을 빛 센서로 제어할 수 있다.		
학년, 반, 번호	(　　)학년 (　　)반 (　　)번	이름	

★생각열기★

1. 센서로봇의 구조에 대해 알아봅시다.

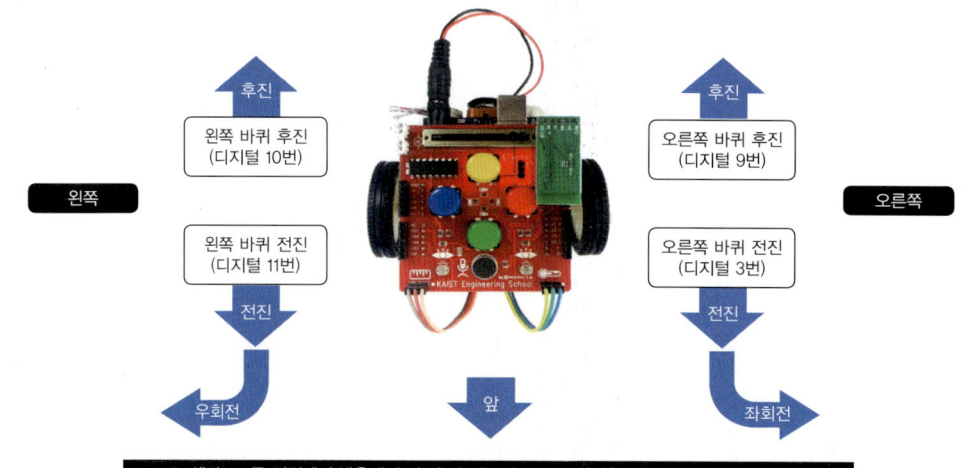

E-센서보드를 정면에서 봤을때의 좌, 우와 자동차 로봇이 전진할 때의 좌, 우는 반대입니다.

2. 무선조종로봇의 원리를 알아봅시다.

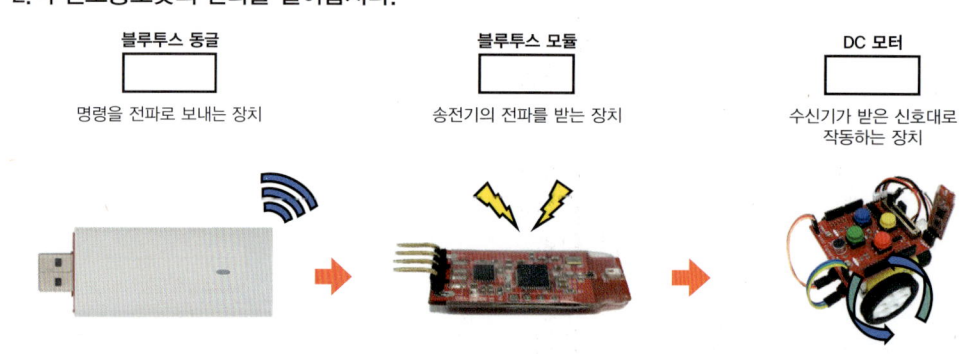

블루투스 동글 - 명령을 전파로 보내는 장치
블루투스 모듈 - 송전기의 전파를 받는 장치
DC 모터 - 수신기가 받은 신호대로 작동하는 장치

활동 보고하기

| 학년, 반, 번호 | ( )학년 ( )반 ( )번 | 이름 |

★정리하기★

센서로봇을 키보드의 방향키와 스페이스바로 제어하려 할 때 다음 빈 칸에 알맞은 키를 적어보세요.

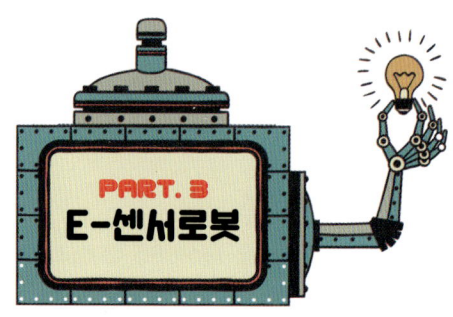

Chapter 15
라인트레이서와 나만의 센서로봇

URL: http://goo.gl/rbWLje

라인트레이서와 나만의 자율주행 센서로봇을 만들어볼까요?

준비하기

● 준비물 살펴보기 ●

사진	용도	수량
	구글 크롬 브라우저	1
	엔트리 연결프로그램	1
	조립된 E-센서로봇	1
	USB 케이블(A-B)	1
	배터리 홀더 스냅형(어댑터)	1
	듀라셀 혹은 에너자이저 9V 건전지 (DC모터 사용 시 필수)	1
	라인 프린트	1

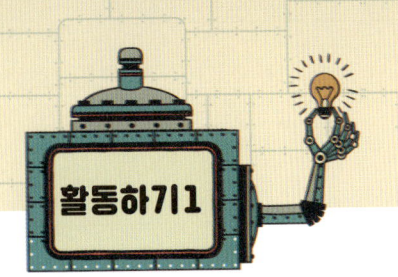

STEP 01 | 라인트레이서 코딩하기

01 센서로봇을 엔트리 하드웨어 프로그램으로 무선연결 합니다. 하지만 코딩을 하는 동안 건전지가 소모될 수 있으므로 전원 공급은 USB 케이블을 이용하고 작품을 실행할 때에만 건전지를 연결할 것을 권장합니다.

블루투스 모듈은 USB 케이블의 전원만 있어도 꺼지지 않습니다. 엔트리 하드웨어 프로그램은 계속 켜 두어야 합니다.

02 [오브젝트 추가하기]→파일 업로드→파일추가를 누릅니다.

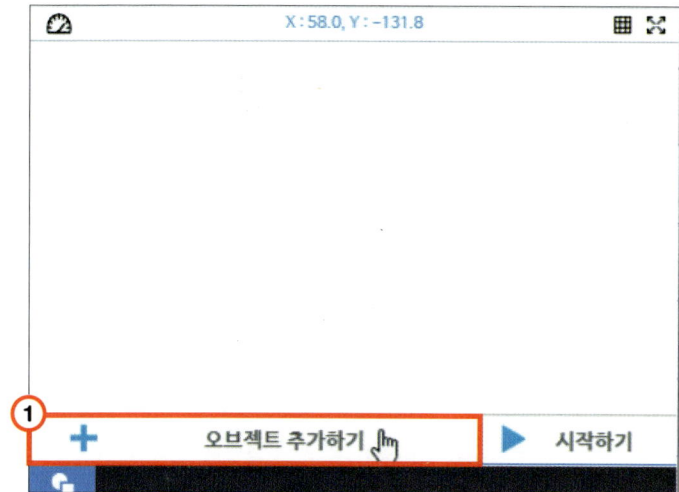

03 센서보드 이미지자료₩오브젝트 추가₩'E-센서보드 로봇', '거리 센서' 파일을 열어 마우스 왼쪽 버튼으로 대상 클릭→적용하기로 오브젝트를 추가합니다.

04 'E-센서보드 로봇' 오브젝트의 크기를 200으로 변경합니다.

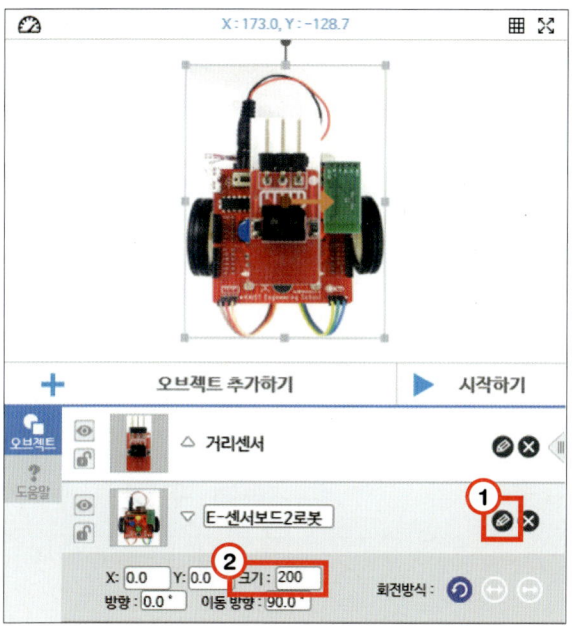

05 '거리센서' 오브젝트의 좌표를 X: -100, Y: -100, 크기를 40, 이름을 '왼쪽 거리센서'로 변경하고 복제합니다.

06 복제한 오브젝트의 좌표를 X: 100, Y: -100, 이름을 '오른쪽 거리센서'로 변경합니다.

07 [속성]탭→변수추가→'속도' 이름을 적고 확인→변수추가→'흰색 값' 이름을 적고 확인을 누릅니다.

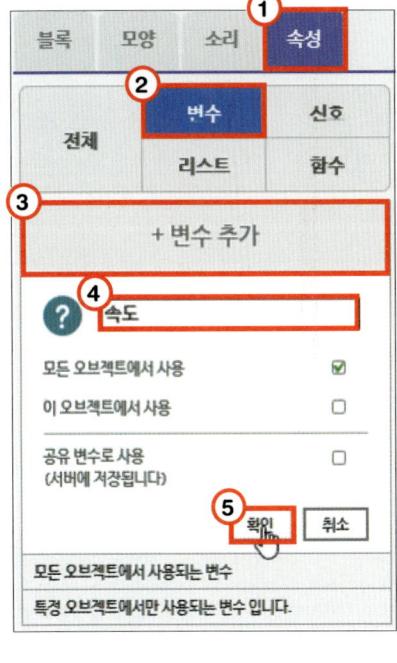
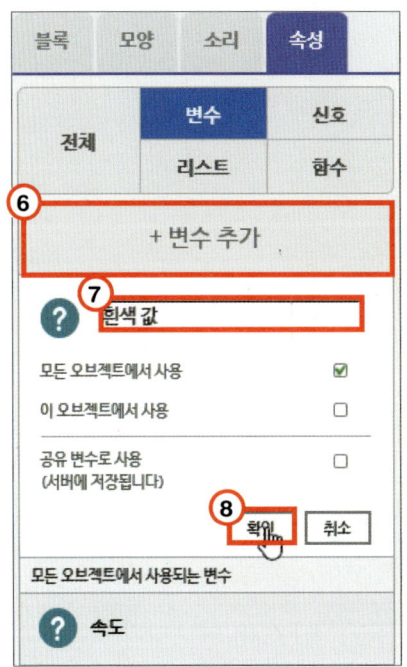

> **TIP**
> 변수는 수학에서 쓰이는 x, y와 같은 미지수 역할을 합니다. 어떻게 코딩하느냐에 따라 그 역할은 달라집니다.
> 변수를 추가하면 [자료]에 새로운 블록이 생성됩니다.

08 '오른쪽 거리센서' 오브젝트와 '왼쪽 거리센서' 오브젝트를 눌러 아래와 같은 코드를 각각 작성합니다.

／ '오른쪽 거리센서' 오브젝트 코드

／ '왼쪽 거리센서' 오브젝트 코드

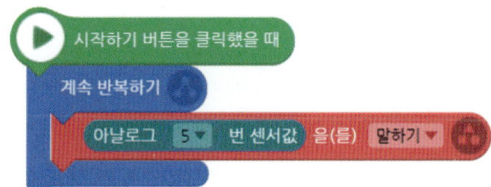

> **TIP**
> 오른쪽 거리센서는 아날로그 3번, 왼쪽 거리센서는 아날로그 5번을 이용합니다. 거리 센서는 물체가 센서에 가까울 때 작은 값, 멀 때 큰 값을 전달합니다. 하지만 주변 환경에 영향을 많이 받기 때문에 흰색(밝은색)에서 0~200, 검정색(어두운색)에서만 700~1000 정도의 값을 일정하게 갖고 다른 색에서는 값의 편차가 큰 편입니다.

09 'E-센서보드2 로봇' 오브젝트를 눌러 아래와 같은 코드를 작성하고 작품을 저장합니다. 시작하기 버튼을 클릭했을 때 디지털 7번(DC모터 ON/OFF)를 켜고 '속도' 변수를 100으로 정합니다. '속도' 변수 값에 따라 DC모터의 PWM 출력이 변화해 0~150까지 로봇의 이동속도를 변화시킬 수 있으나, 라인트레이서는 속도가 높아질수록 라인을 이탈할 확률이 높아집니다. 라인트레이서는 2개의 거리 센서를 통해 바닥의 센서 값을 측정합니다. 흰색 종이에서는 양쪽의 거리 센서 값이 '흰색 값' 변수인 150보다 작아서 직진하게 됩니다. 그러다 거리 센서가 검은색 선에 닿아 값이 '흰색 값' 변수인 150보다 커지게 되면 다시 양쪽의 거리 센서가 흰색 종이 위에 올 수 있도록 방향을 틉니다. '흰색 값' 변수를 지금은 150으로 정했지만 빛, 거리 센서의 종류, 프린트물의 색의 진하기 등 환경에 따라 값이 달라질 수 있습니다. 그러므로 작품을 완성한 후 거리 센서로 흰색 종이에서의 값을 측정하여 '측정되는 값 + 최소 20 ~ 최대 150' 정도로 변경하면서 잘 움직일 수 있는 값을 찾으면 됩니다.

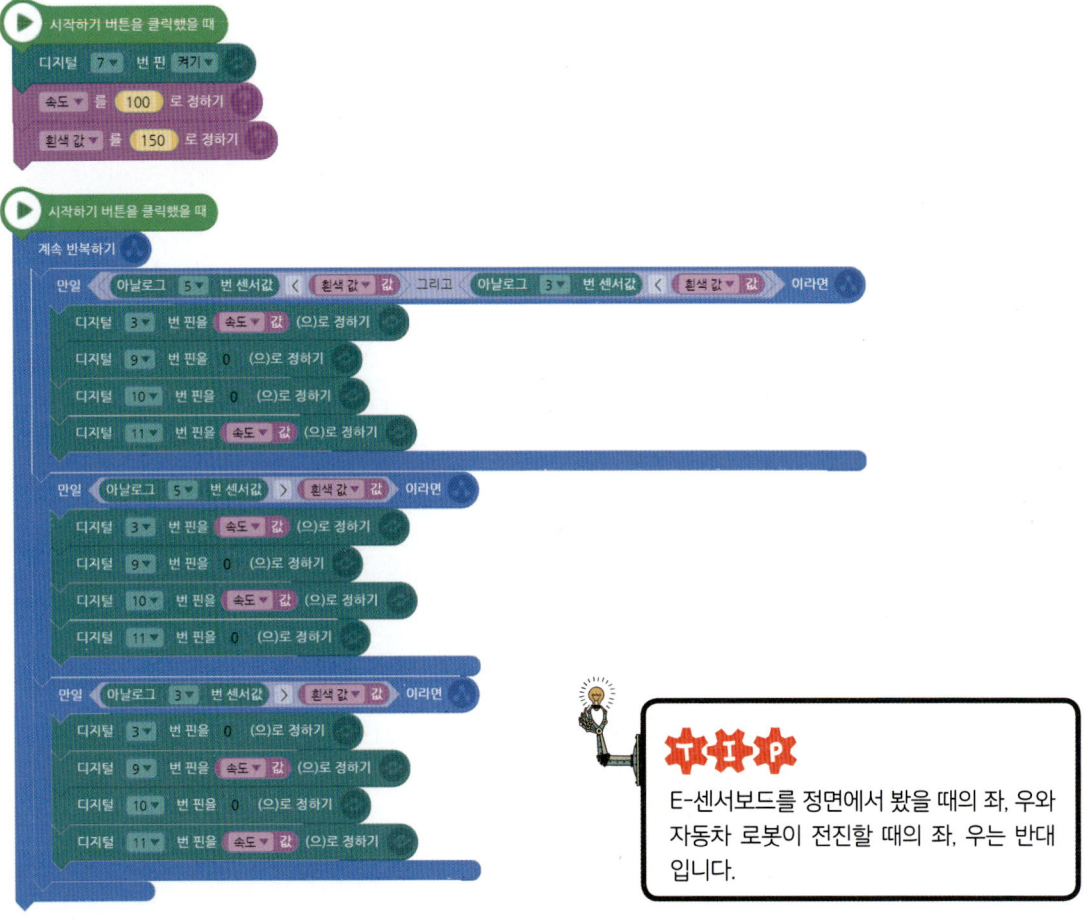

TIP
E-센서보드를 정면에서 봤을 때의 좌, 우와 자동차 로봇이 전진할 때의 좌, 우는 반대입니다.

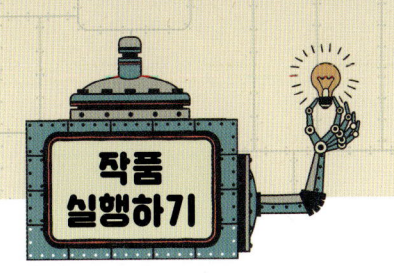

작품 실행하기

01 9V 건전지를 꽂아주고 USB 케이블을 빼줍니다. 센서로봇을 라인 프린트 위에 올려놓습니다. 엔트리 하드웨어 프로그램은 계속 켜 두어야 합니다.

02 실행화면 아래에 있는 [시작하기]를 클릭합니다. 라인트레이서가 잘 움직이는지 확인해봅시다.

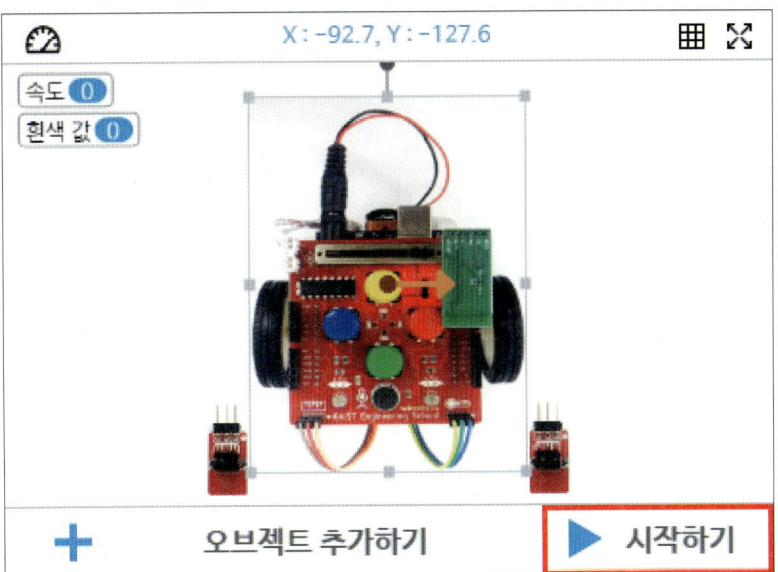

★ 완성코드1 ★

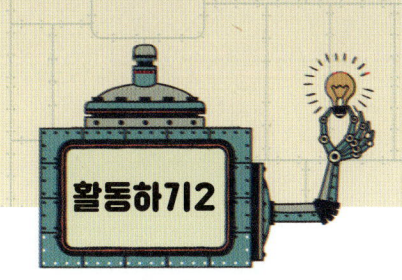

STEP 01 | 자율주행 할 수 있는 나만의 센서로봇 코딩하기

- 지금까지 배운 내용을 바탕으로 자유롭게 움직일 수 있는 나만의 센서로봇을 코딩해 봅시다.

STEP 02 | 작품 실행하기

- 나만의 센서로봇을 실행해보고 작품을 친구들과 공유해 봅시다.

활동 보고하기

주제	라인트레이서와 나만의 센서로봇(무선연결)	차시	15차시
		단계	응용
학습목표	1. 라인트레이서에 개념과 작동원리에 대해 이해할 수 있다. 2. 검은색 선만 따라가는 라인트레이서를 코딩할 수 있다. 3. 나만의 센서로봇을 만들 수 있다.		
학년, 반, 번호	( )학년 ( )반 ( )번	이름	

★생각열기★

1. 라인트레이서란 무엇인지 알아봅시다.

    라인트레이서는 이름 그대로 라인을 따라서 이동하는 자율주행로봇을 말합니다. 검은색 선과 흰색 종이에서 다르게 나타나는 센서 값에 따라 이동합니다.

2. 라인트레이서의 작동원리에 대해 알아봅시다.

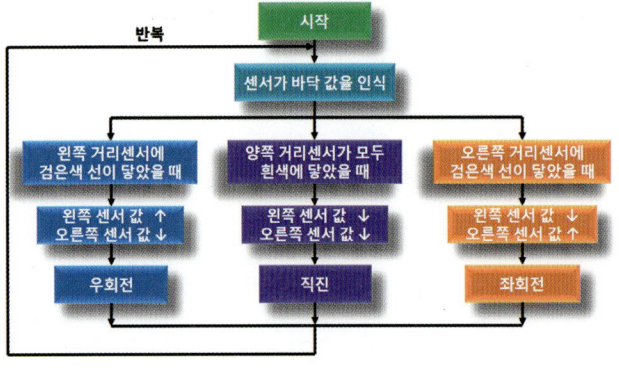

활동 보고하기

학년, 반, 번호	(　)학년 (　)반 (　)번	이름	

★정리하기★

라인트레이서를 실행시켜 보면 검은색 선을 벗어나는 경우가 있습니다. 이를 해결하기 위해서는 블록의 어느 부분을 수정해야 할지 찾아봅시다. 또한 실제로 블록을 수정한 후에 작품을 실행시켜 봅시다.

CHAPTER 15 :: 라인트레이서와 나만의 센서로봇

E-센서보드 구입 및 교육 자료

*** 예제소스 다운로드 ***

영진닷컴 홈페이지(www.youngjin.com)-고객센터-부록 CD 다운로드

*** 교육자료 ***

포털사이트에서 KAIST 공학스쿨을 검색하거나 www.neweducation.co.kr로 접속합니다.
메뉴→교육자료→교육자료(코딩스쿨)

*** 구매 문의 ***

Tel : 02-2105-2067
E-mail : jypark@youngjin.com

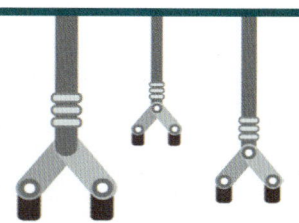

엔트리로 시작하는 피지컬 컴퓨팅 E-센서보드

1판 1쇄 발행 2017년 6월 1일
1판 5쇄 발행 2023년 1월 31일

저 자 | 문택주, 새로운교육개발팀
발행인 | 김길수
발행처 | 영진닷컴
주 소 | (우)08507 서울특별시 금천구 가산디지털1로 128
　　　　　 STX-V타워 4층 401호
등 록 | 2007. 4. 27. 제16-4189호

ⓒ2017., 2023. (주)영진닷컴

ISBN | 978-89-314-5565-6

이 책에 실린 내용의 무단 전재 및 무단 복제를 금합니다.

http://www.youngjin.com

YoungJin.com Y.
영진닷컴